ÉTABLISSEMENTS

ET COUTUMES,

Assises et Arrêts

DE

L'ÉCHIQUIER DE NORMANDIE,

AU TREIZIÈME SIÈCLE

1207 À 1245 ;

D'après le manuscrit français F. 2 de la Bibliothèque
Sainte-Geneviève.

Par M. A. J. Marnier,

AVOCAT ET BIBLIOTHÉCAIRE DE L'ORDRE DES AVOCATS
A LA COUR ROYALE DE PARIS.

TECHENER, LIBRAIRE, PLACE DU LOUVRE,
WARÉE, LIBRAIRE, PALAIS DE JUSTICE,
DELAMOTTE, LIBRAIRE, PLACE DAUPHINE,
ET CHEZ L'AUTEUR, RUE SAINT-CHRISTOPHE, 10.

ÉTABLISSEMENTS

ET COUTUMES,

ASSISES ET ARRÊTS

DE L'ÉCHIQUIER DE NORMANDIE,

AU TREIZIÈME SIÈCLE (1207 A 1245).

ÉTABLISSEMENTS

ET COUTUMES,

ASSISES ET ARRÊTS

DE

L'ÉCHIQUIER DE NORMANDIE,

AU TREIZIÈME SIÈCLE (1207 A 1245);

D'après le manuscrit français F. 2 de la Bibliothèque de Sainte-Geneviève.

In antiquis enuntiativa probant.

PAR M. A. J. MARNIER,

AVOCAT ET BIBLIOTHÉCAIRE DE L'ORDRE DES AVOCATS A LA COUR ROYALE
DE PARIS.

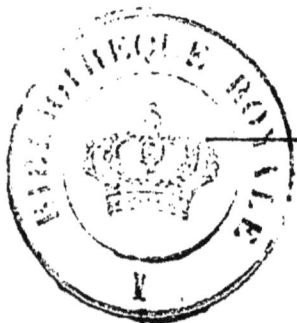

PARIS,

TECHENER, LIBRAIRE, PLACE DU LOUVRE, 12;

WARÉE, PALAIS DE JUSTICE;

DELAMOTTE, LIBRAIRE, PLACE DAUPHINE, 27.

PARIS, IMPRIMERIE DE STAHL, QUAI NAPOLÉON, 33.

1839.

Lettre écrite à l'Auteur

PAR M. PARDESSUS,

MEMBRE DE L'ACADÉMIE DES INSCRIPTIONS.

Monsieur,

J'ai lu avec un grand intérêt la copie que vous avez faite d'un manuscrit de la Bibliothèque de Sainte-Geneviève qui contient la très ancienne Coutume de Normandie et une série de Plaids de l'Échiquier et d'Assises commençant à 1207.

Quoique je ne doutasse point de l'exactitude avec laquelle vous aviez fait cette transcription, je n'ai pas résisté à la curiosité de voir moi-même le manuscrit et de le lire ; et je vous félicite de l'avoir si fidèlement copié.

Vous me demandez conseil sur le projet que vous avez de publier ces documents. Je ne peux que vous y encourager. Les publications des anciens usages coutumiers ont maintenant un intérêt qu'on ne leur soupçonnait pas autrefois.

Lorsque Bourdot de Richebourg donna une collection de Coutumes, beaucoup plus complète que celles qui avaient paru jusqu'alors, il n'eut pas d'autre intention que de rendre service à la jurisprudence pratique ; il ne dut, en général, publier que les coutumes alors en vigueur, sans s'occuper de celles qui avaient été précédemment rédigées, et que remplaçaient les nouvelles.

S'il lui était venu dans la pensée de rechercher les anciennes coutumes, et d'en faire une collection, il en aurait été détourné par les conseils de ses amis ; et si, nonobstant ces conseils, il avait persisté dans sa résolution, il aurait augmenté considérablement sa collection ; l'ouvrage eut trouvé moins d'acheteurs, non seulement à cause de son volume, mais peut-être aussi parce que les textes anciens auxquels personne ne portait d'intérêt, auraient en quelque sorte fait tort aux nouveaux qui seuls étaient l'objet de l'étude des jurisconsultes.

Aujourd'hui que les coutumes anciennes et nouvelles sont devenues de l'histoire, puisque le Code civil les a remplacées, en maintenant seulement quelques usages locaux, la plupart même plutôt traditionnels qu'écrits, l'intérêt du public a pris une direction en sens inverse.

Quiconque veut étudier l'histoire, sous les rapports de la législation, ne peut et ne doit pas se contenter de connaître l'état des choses tel qu'il existait au moment où le droit coutumier a été remplacé par le Code civil : il doit chercher à connaître quand et comment a commencé ce droit coutumier; et c'est ce qui fait qu'aujourd'hui on désire et on lit avec avidité les ouvrages qui peuvent servir de base à l'étude de cette partie de nos antiquités.

. Nous sommes encore peu avancés dans ces recherches et dans ces publications.

Je crois qu'on peut en trouver la cause dans le fait que la plupart des jeunes gens qui se sont livrés à l'exploration des anciens manuscrits étaient entièrement étrangers à l'étude du Droit et de la Jurisprudence.

Sortis des colléges où ils n'avaient entendu parler que de littérature; entraînés par l'impulsion de la nouvelle école qu'on nomme *romantique,* ils ont consacré leurs soins à découvrir des fabliaux, des rapsodies en vers ou en prose des XIIIe et XIVe siècles.

Ceux dont le goût a été moins futile ont recherché et publié des chroniques, et je ne nierai point que, sous ce rapport, il a été rendu de véritables services à la science historique.

Mais les lois, ou si l'on veut, les coutumes suivies dans les tribunaux sont une partie de l'histoire des peuples; elles en sont, selon moi, une partie considérable; mieux qu'aucune autre classe de documents, elles font connaître les mœurs des nations ou des provinces que régissaient ces lois ou ces coutumes.

Quand nous ne posséderions pas quelques pièces de vers en français barbare, quelques contes plus ou moins grossièrement exposés, notre littérature ne serait pas plus pauvre. Mais certainement si les jeunes auteurs qui nous en ont donné à foison depuis quelques années, avaient eu assez le goût et

l'intelligence du Droit pour diriger leurs recher-
ches vers les manuscrits de nos anciens usages cou-
tumiers, l'histoire générale, et surtout celle de la
législation, auraient gagné considérablement.

Il arrivera sans doute un moment où une riche
moisson de ces documents nous sera offerte.

M. Augustin Thierry, mon confrère à l'Acadé-
mie des Inscriptions, prépare une collection de tous
les documents relatifs à l'histoire du Tiers-État;
et, dans les rapports qu'il a déjà présentés au Mi-
nistre de l'Instruction publique, il a annoncé qu'il
y comprendrait toutes les chartes coutumières, les
rédactions de coutumes qui ont eu lieu successi-
vement, les statuts des diverses corporations.

Cette entreprise est immense et exige un temps
considérable.

Mais outre les chartes coutumières et les cou-
tumes rédigées par l'intervention, soit des Seigneurs,
soit des Magistrats municipaux, soit des Rois, il a
été composé, dans un grand nombre de provinces
et de localités moins étendues, des ouvrages privés
sous le nom de *styles, usages, coutumiers, conseils*
qui n'avaient point de caractère officiel, dont
cependant l'autorité a été très grande, et surtout
l'influence très directe sur la rédaction des cou-

tumes officielles. Je ne pense pas qu'il entre dans l'intention de M. Thierry de les recueillir.

Des Légistes anciens avaient aussi recueilli les décisions des tribunaux; les uns se sont bornés à en extraire quelques règles générales et communes, comme le fit le Rédacteur inconnu des rôles d'Oleron, le plus ancien monument du Droit maritime observé en France; les autres ont donné une sorte de Journal des Audiences, en exposant, presque toujours d'une manière extrêmement succincte, que *tel* jour à *telle* session de *telle* Cour, une contestation elevée entre *telles* et *telles* parties, présentant *telle* question, avait été décidée dans *tel* sens.

Il est incontestable que, lorsqu'on rédigea les coutumes, ou lorsque des particuliers composèrent des Styles, Conseils, Us et Coutumes, ils se servirent de ces documents. C'est ce que plusieurs attestent, en terminant leurs chapitres, par les mots : *ce est le jugement, telle est l'assise, telle est la coutume notoire.*

Je ne crois pas encore qu'il entre dans le plan de M. Thierry de recueillir ces monuments judiciaires.

Mais lors même qu'il en aurait l'intention, l'époque à laquelle il la réalisera est trop éloignée pour que ceux qui, comme vous, ont réussi à découvrir des documents de ce genre, doivent renoncer à les publier.

C'est ainsi que le Ministère, par les ordres et sous la direction de qui travaille M. Thierry, n'a pas hésité à faire entreprendre par mon confrère, M. Beugnot, la publication des rôles du Parlement de Paris.

Ces rôles ne commencent qu'en 1254; les documents que vous avez découverts, et que vous avez l'intention de donner au public, appartiennent à l'Échiquier devenu depuis Parlement de Normandie; ils sont d'un temps antérieur à celui où commencent les rôles du Parlement de Paris.

Cette double considération suffirait donc pour donner un grand intérêt à la publication que vous projetez.

Mais il en est une autre que je ne crois pas inutile de vous indiquer.

Quoi qu'il ait déjà été publié des jugements très anciens de l'Échiquier, et que quelques jurisconsultes tels que Brussel et Froland les aient cités, ils sont peu connus. D. Bessin n'en a inséré, dans sa *Collection des Conciles de Normandie,* qu'un très petit nombre plutôt relatif d'ailleurs au Droit ecclésiastique qu'au Droit féodal et civil.

Mais il ne paraît pas que D. Bessin ait connu votre manuscrit de Sainte-Geneviève. Ce savant et ceux que je viens de nommer n'ont consulté que des recueils rédigés en latin.

Sans doute on peut demander si les recueils primitifs n'ont pas été rédigés dans cette langue, et si le texte français du manuscrit de Sainte-Geneviève ou tous autres de la même catégorie ne seraient pas simplement des traductions.

Mais quand cela serait, le style de ces textes français est si ancien, il est si évidemment dans l'idiôme du temps dont les arrêts portent la date, que sous le seul rapport de l'histoire de la langue, ils mériteraient d'être publiés.

On a imprimé beaucoup plus que nous n'en avons besoin, des documents judiciaires en latin ; ceux de cette espèce écrits en français, antérieurs à 1250, sont peu nombreux, puisque le conseil de Pierre Defontaines, les établissements de Saint-Louis, les coutumes de Beauvoisis par Beaumanoir, sont de la fin du XIII siècle, et que les traductions du Digeste, du Code et des Institutes faites dans ce siècle, ainsi que le livre de *Plet et de Justice* sont encore inédits.

Ce que je viens de dire des arrêts de l'Échiquier de Normandie peut être également appliqué à l'ancien Coutumier de cette province.

Vous savez qu'on a fortement controversé la question, si le texte primitif du Coutumier que nous possédons a été écrit en latin ou en français, et que Froland, après avoir présenté le pour et le contre, conclut, pour la priorité, en faveur du texte latin; point qui ne me paraît pas encore jugé irrévocablement.

Quelque opinion qu'on adopte, on ne peut douter que la Normandie ne soit la province de France où l'on se soit occupé le plus anciennement de constater les coutumes par écrit.

Elle avait certainement, comme tous les pays soumis aux Rois francs, un droit civil composé de débris du droit romain et des lois barbares, avant la cession qu'en fit Charles-le-Simple à Rollon. D. Pommeraye, dans son Histoire des Archevesques de Rouen, page 235, dit que : Rollon, en recevant les clés de la ville, prit l'engagement de conserver les anciennes coutumes du pays.

La préface de quelques textes de l'ancien coutumier assure que Raoul (Rollon) fit enquérir par des commissaires quels étaient les usages reçus dans les divers cantons du duché. Il désigne les principales matières dont on s'occupa ; les droits du Duc (c'est-à-dire ce qui concernait la souveraineté), les fiefs, batailles, mariages, et autres choses appartenant au droit.

D'après ces enquêtes, ajoute l'auteur, le Duc *conféroit avec moult saiges hommes par qui la vérité étoit seue, ce qui toujours avoit été dit ou fait.*

Le premier Duc de Normandie fit-il mettre par écrit le résultat de ces recherches? l'a-t-il revêtu d'un caractère authentique?

Nous l'ignorons et même on a de fortes raisons pour en douter. Mais certainement ce résultat ne resta point inutile : les tribunaux s'en servaient pour règles de leurs jugements, et l'auteur des Lettres sur les Parlements, tome 2, pages 51 et 59, atteste que, dès le commencement du XIII⁰ siècle, on avait, en Normandie, l'usage des records dans les plaids de justice généraux et particuliers.

Ces usages étaient notoires, et peut-être écrits, puisque Guillaume-le-Bâtard les porta en Angleterre où ils sont restés la base de l'ancien droit coutumier de ce pays. On trouve même dans le *The-*

saurus novus Anecdotorum de Martene et Durand, tome IV, col. 117 et suiv., un document intitulé *Normannorum antiquæ Consuetudines et Justitiæ, in concilio apud Lillebonam anno MLXXX celebrato, confirmatæ.*

Vous connaissez mieux que moi ce qu'on lit à ce sujet dans le savant ouvrage de Houard.

Ce qui porte à croire qu'il ne fut pas publié de rédaction officielle, c'est l'extrême variété des textes imprimés ou manuscrits, les uns latins, les autres français, d'ouvrages appelés *Coutumiers de Normandie.* Il en existe notamment un texte français dans le manuscrit de la Bibliothèque royale, n. 9822, intitulé *Livre de la reine Blanche.* M. Dupin, dans son édition dernière des *Lettres sur la profession d'Avocat,* tome 2, page 706, paraît douter de l'existence d'un manuscrit de ce nom. Mais elle est un fait incontestable. Une partie seulement des documents qu'il contient a déjà été publiée, d'après d'autres manuscrits moins bons.

Néanmoins, si ma mémoire est fidèle, lorsqu'après avoir lu le manuscrit de la Bibliothèque de Sainte-Geneviève, je suis allé à la Bibliothèque royale voir les *Coutumiers de Normandie,* et notamment celui du *Livre de la reine,* je crois avoir reconnu que ces textes et les imprimés différaient beaucoup de celui de Sainte-Geneviève.

Je termine cette lettre dont vous excuserez la longueur, en considérant qu'elle m'a été inspirée par l'intérêt qui s'attache à la publication dont vous voulez vous occuper. Je vous réitère l'opinion que cette publication sera utile; et, pour mon compte, je me place avec plaisir au rang de vos souscripteurs.

Agréez l'assurance de ma parfaite considération.

Votre dévoué Serviteur,

PARDESSUS.

Paris, le 1er Mars 1839.

INTRODUCTION.

Les anciens Établissements et anciennes Coutumes du duché de Normandie (1) que nous publions, ont été, nous le pensons, décrétés par les Ducs ou sanctionnés par l'usage, depuis Rollon jusqu'à Jean-sans-Terre, dernier duc de Normandie, et roi d'Angleterre (2); ils ont été constatés et rédigés de nouveau par Philippe-Auguste, ainsi que cela est attesté par l'ancienne Coutume de Normandie, au titre de l'Usure et ailleurs, par le premier chapitre du Style

---

(1) Nous les appelons ainsi, parce que dans l'ouvrage on se sert de ces mots : *il a été établi, selon la coutume*. *V*. page 8, ligne 6; page 15, ligne 1; page 19, ligne 16; page 21, ligne 1; page 23, ligne 1; page 29, ligne 22; page 31, ligne 9; page 33, ligne 7; page 43, lignes 14, 18; page 44, lignes 5, 16; page 88, *in fine*. D'ailleurs, si c'est ici un Traité de Droit, il paraît être un exposé fidèle des anciens Établissements et Coutumes de Normandie.

(2) Et peut-être auparavant, selon Houart, *Anciennes Lois des Français*, Discours préliminaire, pages XXIV et suivantes.

de procéder (1), par Du Cange, Préface des Établissements, par l'auteur de l'Histoire de l'Abbaye de Saint-Ouen, liv. 5, page 417, par De La Roque, Histoire de la Maison de Harcourt, tome 3, pages 101, 154, 155, et par plusieurs autres auteurs.

Cet ouvráge se compose :

1° Des anciens Établissements et anciennes Coutumes de Normandie dont nous venons de parler ;

2° D'Assises tenues de 1234 à 1236, à Caen, à Falaise, à Bayeux, sur diverses matières de Droit ;

3° D'Arrêts de l'Échiquier de Normandie rendus à Falaise, à Caen, à Rouen, de 1207 à 1245.

Toutes ces pièces sont du XIII° siècle et en français ; elles ont dû servir à composer l'ancienne Coutume de Normandie (2). On pourrait en citer une infinité de preuves tirées des dispositions analogues des deux ouvrages, mais la plus forte que nous puissions fournir est le manuscrit 10390—2 de la Bibliothèque royale. Tous, ou presque tous les textes que nous publions, s'y trouvent en latin et divisés en tête des chapitres de la Coutume auxquels ils se rapportent. Il est bien clair que par une semblable disposition l'auteur de cet ancien Coutumier a reconnu qu'ils avaient

(1) Depuis que Philippe-Auguste, y est-il dit, eut retiré et mis hors des mains des Anglais la dite duchié, il se voulut enquérir des Lois et Coutumes du dit pays et fit écrire et mettre en plus bel ordre le dit Livre coustumier qu'il n'était au précédent.

(2) Elle fut rédigée au plus tôt sous Saint-Louis, par Robert le-Normand, selon Klimrath, *Mémoire sur les monuments inédits du Droit français, au moyen âge*, page 38, ou au plus tard sous le règne de Philippe-le-Hardi son fils, selon Basnage, *Commentaire sur la Coutume de Normandie*, tome 1, p. 7.

servi de thème à la Coutume, et qu'ils étaient une expression traditionnelle des usages anciens. Nous avons indiqué la place que chaque passage occupe en tête de tel ou tel chapitre de la Coutume, en ayant soin de renvoyer au Coutumier général de Bourdot de Richebourg, qui est le meilleur et le plus répandu. Nous ajouterons qu'on trouve dans notre ancien Coutumier plusieurs pièces évidemment rédigées sous Philippe-Auguste, par exemple son Enquête des Barons de Normandie de 1205 (ci-dessous page 19), le titre de Fouage (1), les mandements ou ordonnances de Henri et de Richard, rois d'Angleterre, etc. (ci-dessous, pages 50, 52), d'où l'on est porté à conclure que toutes les autres pièces remontent à la même source (2).

Selon Brussel (Usages des Fiefs, pages 538, 944), le temps des XII et XIII° siècles fut celui de la plus grande vigueur de l'Usage des Fiefs; aussi ne faut-il pas s'étonner que les dispositions de ces établissements aient souvent trait aux Fiefs. Au reste, quelques-unes des matières les plus importantes dont on y traite, ont rapport aux successions: l'aîné pouvait choisir ou du FIEF DE HAUBERT, qui ne pouvait jamais être partagé, ou des ÉCHEOITES (ci-dessous, pages 9, 71). S'il n'y avait dans la succession qu'une BARONIE ou qu'un seul FIEF DE HAUBERT, l'aîné en héritait seul et fournissait à ses frères vivres AVENANTS, c'est-à-dire suffisants et convenables (pages 10, 192). Il devait aussi à ses sœurs vivres et mariages AVENANTS, c'est-à-dire de même

(1) *Voyez* Brussel, *Usage des Fiefs*, page 212.
(2) *V.* la *Biographie universelle*, au mot *Rollon*.

convenables et proportionnés à leur fortune (pages 11, 14, 64 *in fine*, 142 *in fine*); elles avaient part aux ÉCHEOITES (page 13). Si les filles héritaient seules, et s'il n'y avait point d'enfant mâle, elles partageaient également entre elles, même le FIEF DE HAUBERT, mais l'aînée avait le principal manoir (page 10). V. Houard, *ibid.*, p. 252, 317.

On y traite du douaire qui pouvait s'élever jusqu'à la tierce partie de l'héritage (1) (ci-dessous pages 61, 64, 191), de la saisine et de la dessaisine (pages 19, 53, 54), (Houard, *ibid.*, pages 377, 378, 535), des briefs de fieu et de gage, de fieu et de ferme (pages 18, 19, 136, 75, 105, 121, 127), formules d'actions (2) contre ceux qui avaient pris en gage ou à loyer un fief ou un fonds de terre, et prétendaient ensuite qu'on le leur avait vendu, ou qu'il leur appartenait de toute autre manière; l'enquête de reconnoissant avait lieu alors en assise par douze léaus (*legales*) chevaliers (page 76) qui, je pense, étaient des espèces de jurés (3).

On y lira avec intérêt les dispositions relatives aux mineurs (p. 11) (4), aux chemins (*ibid.*), aux homicides (pages

---

(1) Del tenement de que ses mariz estoit sésiz quant il la prist à fame en la face de Sainte Ygliso. V. Houard, *ibid.*, p. 234 et suivantes.

(2) Les Brefs étaient des lettres du Prince sans lesquelles on ne pouvait intenter, sous les Ducs de Normandie, aucunes actions. (Houard, *Anciennes Lois des Français*, tome 1, page 28, et ci-dessous, page 21.)

(3) *Voyes* Houard, *ibid.*, tome 1, page 308.
Il y avait aussi le Brief de fief lai et d'osmone : il avait lieu quand aucun demande aux défendeurs héritage ou possession qu'ils tiennent comme omosne, et les tenans veulent dire que c'est fief lai : ou quand aucun leur demande comme fief lai. et le tenant veut soutenir que c'est omosne. Style de procéder Terrien, *Commentaire du Droit civil, etc. de Normandie*, page 309, édition de 1654. *Voy. Ancienne Coutume*, chapitres 111, 112, 115.

(4) Houart, *ibid.*, tome 1, pages 69 et 70, donne pour raison de la garde noble ou tutelle accordée au Seigneur, l'intérêt de ce dernier. V. *ibid.*, pages 149, 166, 185.— *Établissem. de Saint-Louis*, c. 117.

26, 50), au viol (page 34) (1). LA PAIX LE DUC, que l'am-
nistié était obligé de porter sur sa poitrine pendant un
an et un jour, était une disposition de loi aussi sage
qu'utile pour ce temps où les représailles étaient si fré-
quentes. (V. pages 27, 77.)

Il y est parlé d'AUMOSNES (page 40), c'est-à-dire de dons
aux établissements religieux ; il y avait des dispositions
restrictives, CAR, dit le Législateur (page 41), LES YGLISES
TANDROIENT A PAR UN POU TOZ LI TENEMENT.

On y traite de PATRONAGE D'ÉGLISE, et, à ce sujet, l'au-
teur rapporte en français l'ordonnance du roi Philippe-
Auguste de l'an 1207 (page 58).

On remarque encore les chapitres d'Aides et de Relief
(page 33), des cours des Seigneurs (page 42) et de Garant
(pages 32, 70), et, parmi les différents Briefs, ceux d'Es-
TABLIE et de SURDEMANDE qui avaient lieu de la part des
particuliers et vassaux contre les seigneurs ou puissants
hommes, lorsqu'ils se prétendaient dépouillés par eux de
leurs biens, et astreints à des services qu'ils ne devaient
pas (2). (V. pages 110 *in fine*, 155, titre de l'Aide de l'Ost,
173 *in fine*, 201, et les chapitres 113 et 114 de l'ancienne
Coutume.)

Le second texte est intitulé : DES ASSISES.

Elles étaient tenues dans chaque vicomté par les Barons,
les Chevaliers et les léaus homes. (V. p. 22, 32, 38.) (3)

_____

(1) *Voyez* Houard, *ibid.* tome 1, pages 267, 568 ; tome 2, pages 188, 189.
(2) Le Brief d'establie était octroyé pour fonds d'héritage, et le Brief de
surdemande pour rentes ou services à tort demandés. Terrien, *ibid.* page 307.
(3) *Voyez* Houard, *Anciennes Lois des Français*, tome 1, pages 304 à 311,
et l'*Ancienne Coutume*, chapitres 55, 69.

Il paraît que celles que nous reproduisons ont été recueillies par un jurisconsulte qui ne se nomme pas, dans les villes de Caen, Falaise, Bayeux et Orbec. La plupart ne sont pas rédigées en forme de jugement, mais comme des préceptes ou maximes de Droit. Elles me paraissent, de même que le premier ouvrage, avoir servi de fondement à l'ancienne Coutume. Le manuscrit 10390—2 de la Bibliothèque royale procède à leur égard de même que pour les Établissements; celui n° 4651, *ibid.*, qui est aussi en latin, en contient plus que le manuscrit français de la Bibliothèque Sainte-Geneviève, c'est ce qui nous a engagé à en donner quelques-unes en latin. Les dispositions relatives aux batailles sont remarquables; Brussel les rapporte, Usage des Fiefs, page 990.

Houard dit, *ibid.*, tome 1er, page 386, que le Livre des Assises est d'une grande autorité parmi les jurisconsultes anglais (1). Il existe, à la Bibliothèque Sainte-Geneviève, un livre intitulé : LE LIVRE DES ASSISES ET PLÉES DEL CORONE MOUES et DEPENDANTZ DEVAUNT LES JUSTICEZ, SI BIEN EN LOUR CIRCUITZ COMME AYLOURS, EN TEMPZ EDWAR-LE-TIERCE (1326), JADIS ROY D'ANGLETERRE. Londini, 1561, in-folio de 326 feuilles.

Enfin, nous terminons par les ARRÊTS DE L'ÉCHIQUIER DE NORMANDIE qui commencent à l'an 1207 et finissent à l'an 1245. C'était le Tribunal souverain de la province; l'ancienne Coutume l'appelle l'œil du Prince (2). Les Ma-

(1) Cet auteur cite et rapporte plusieurs assises.
(2) *Voyez* ici Roupnel de Chenilly sur Penelle, *Coutume de Normandie expliquée*, tome 1, page 59, édition 1771, il en fait un grand éloge.

gistrats qui l'ont tenu n'ont pas toujours été les mêmes, ils ont changé selon les époques, ce que l'on peut vérifier dans Farin, Histoire de Rouen, 2e partie, page 27, édition de 1738; dans Froland, Arrêts de Normandie, chapitre 2, et dans Houart, Dictionnaire de Droit Normand (1). Nous pensons qu'au temps dont nous nous occupons, l'Échiquier était tenu par les Archevêques, les Évêques, les Barons et les Chevaliers (*Magistri*) qui y avaient voix délibérative ; tous les autres Clercs, LÉAUS HOMMES, ATORNÉS, gens de loi ou plutôt de coutume, qui étaient tenus d'y assister, n'y étaient que pour le RECORD soit du jugement, soit des us et coutumes. Nous avons donc ici des formules de ces jugements des anciens Chevaliers qui, selon Fleury, dans son Histoire du Droit français (2), SE DÉCIDAIENT AVEC PEU DE CÉRÉMONIE PAR LES SEIGNEURS ET PAR CEUX QUI AVAIENT LE PLUS D'EXPÉRIENCES DES COUTUMES. Instruits dans la science du Droit plus qu'on ne le croit communément, ils n'étaient point aveuglés par l'ignorance et ne se laissaient pas entraîner par leurs passions (3).

Vainement pour les accuser de barbarie objecterait-on l'usage du duel? Dans les siècles d'ignorance, où le peuple se faisait justice à lui-même, en s'égorgeant dans les chemins ou au coin des bois, on tolérait le duel, car du moins

---

(1) Au mot *Échiquier*. Voyez aussi ses *Anciennes Lois des Français*, tome 1, pages 240, 581.

(2) Voyez Argou, *Institution au Droit français*, tome 1, page 76, édition 1787.

(3) Voyez Grosley, *Recherches pour servir à l'Histoire du Droit français*, Paris, 1752, page 113. Il fait le plus grand éloge de ces anciens Chevaliers; il cite Thibaut-le-Grand, Comte de Blois et Rollon, premier Duc de Normandie, qui mérita le surnom de Juste.

il soumettait à de certaines lois des combats qui auparavant n'étaient réglés que par le hazard, ou décidés par des embûches qu'on se tendait réciproquement, et qui toujours conduisaient à l'assassinat. On peut en citer pour preuve l'Échiquier tenu à Falaise en l'an de grâce 1207, chapitre DE BATAILLE DE JUIFS; le duel leur fut permis à condition qu'ils le tiendraient en plein chemin. On sait que les Juifs, étant hors du droit commun, ne pouvaient user du duel, d'où il résultait que pour se venger ils s'assassinaient les uns les autres. On est souvent obligé de souffrir un mal pour en éviter un plus grand; ce n'est que le temps qui peut éclairer les peuples, et quand ils sont instruits, il est facile de faire disparaître les abus. C'est ainsi que Saint-Louis, pour établir ses réformes, sut profiter des germes d'instruction qu'il avait répandus (1).

Quant aux épreuves par l'eau froide, l'eau bouillante et le fer chaud (2), je pense que la plupart du temps le résultat dépendait du Clergé, et qu'ainsi c'était à peu près comme si les parties s'en étaient rapportées à son arbitrage (3).

Les arrêts d'Échiquier que nous publions sont rendus sur des matières civiles, administratives et pénales, semblables à celles dont traitent les Établissements de Normandie, qui font la matière de notre premier article. Nous n'entre-

---

(1) *Voyez* aussi, ci-dessous, pages 50 et 51, titre *D'Omicido*.
Voyez Houard, *Anciennes Lois des Français*, tome 1, pages 264 et suiv., 502 et suiv., 566, 586; tome 2, pages 2, 145 et suivantes.

(2) Voyez-en la description dans les Glossaires de Du Cange et de Carpentier, à ces mots en latin.

(3) *Voyez* Houard, *ibid.*, tome 1, pages 222, 200, 237; tome 2, pages 430 et suivantes.

prendrons pas de les détailler ici; nous dirons seulement que Brussel, dans son Usage des Fiefs, en rapporte un assez grand nombre : toutes les fois qu'il le fait, nous n'avons pas manqué d'y renvoyer en le citant au bas des pages et en donnant un résumé de sa décision : nous avertissons que les différences du texte que nous y notons ne sont pas des corrections, mais des variantes qui existent entre les différents manuscrits.

Nous observerons avec Le Page (1) que ce fut de la rédaction de ces arrêts d'Échiquier que le Parlement de Paris prit l'idée de faire de même rédiger les OLIM (2).

Si l'on nous objecte que ces arrêts sont très courts, nous répondrons avec le même Brussel, *ibid.*, page 97 : « qu'il » faut se remettre en mémoire que tel était le goût de ceux » qui écrivaient dans le douzième et le commencement « du treizième siècle, d'affecter ainsi d'être laconiques « dans leurs écrits, ce qu'ils ont poussé jusqu'à l'excès. »

Nous remarquerons aussi que c'est à peu près à l'époque de la cinquième Croisade (25 août 1248) que s'arrêtent les Échiquiers (3), il paraît qu'alors leur tenue fut suspendue, attendu la perturbation sociale qu'elle occasionna; on oubliait les procès et tout intérêt terrestre pour ne s'occuper que de cette entreprise qu'on regardait comme une inspiration du ciel.

---

(1) *Lettres sur les Parlements*, deuxième partie, page 397.
(2) Le premier livre des Olim du Parlement de Paris commence en 1254.
(3) Le manuscrit 10390—2 dont il est parlé ci-dessus, date en finissant de 1250, et il s'arrête avant le manuscrit de Sainte-Geneviève, qui finit à 1245. (*Voyez* ci-dessous, page 190.) Je pense que la date du manuscrit 10390—2 n'est pas exacte.

La Coutume de Normandie est encore observée en partie aux îles de Jersey et de Guernesey ; elle est d'autant plus précieuse qu'elle est fondée sur le simple droit naturel, c'est le droit patriarcal, ou du père de famille, elle peint les mœurs et les habitudes du temps, l'état des personnes, de la propriété et de la société en général. Elle est donc essentiellement historique ; on n'y fait point usage du droit romain, nul système hypothécaire ne s'y rencontre, c'est pourquoi l'on y trouve un si fréquent usage du gage qui remplace, en quelque sorte, les hypothèques.

Le mss. F. f. 2 de la Bibliothèque Sainte-Geneviève, dont nous imprimons une partie, provient de l'Église de Saint-Lô à Rouen (1) ; il est écrit sur vélin, avec le plus grand soin et d'un format in-4° ; enrichi de lettres majuscules ornées de traits de différentes couleurs. Il est probable qu'il contenait quelques-unes de ces miniatures que le moyen âge nous a laissées si nombreuses. La curiosité qui l'en priva ne fut pas étrangère, sans doute, aux mutilations qu'il a subies et que n'ont pu combler ni les recherches que nous avons faites ni celles qu'on a eu la bonté de faire pour nous à Paris, à Rouen et à Caen (2).

Il contient un texte en français de l'ancienne Coutume

(1) On lit sur la première feuille de ce manuscrit, qui est de la fin du troizième siècle, ces mots, quoiqu'on ait passé une barre dessus : *Ex libris Scanti Laudi Rothomagensis*, 1613. Viennent ensuite ceux-ci non rayés : *Ex Bibliothecâ Sanctæ-Genövefæ Parisiensis*, 1753.

(2) Nous saisissons cette occasion pour adresser nos remerciments à MM. les Conservateurs des Bibliothèques de Paris ; à M. de Formeville, Conseiller à la Cour royale de Caen ; à M. A. Floquet, Membre de la Société des Antiquaires de Normandie, et à M. le Prevost, Député de l'Eure, dont nous ne saurions trop reconnaître l'obligeance.

qui nous paraît meilleur et plus ancien que tous ceux que l'on a publiés, il est quelquefois accompagné de courtes réflexions fort intéressantes; on pourrait le faire paraître en l'annotant de variantes que l'on tirerait de celui qui se trouve dans le livre *la Royne* et autres manuscrits, et dans les fragments du *Sancto Justo* (1), conservés dans le premier volume des Extraits des Mémoires de la Chambre des Comptes qui sont, soit à la Bibliothèque Royale, soit à la Cour de Cassation; nous pourrons le faire paraître si l'on accueille favorablement le présent ouvrage.

Nous sommes heureux que cet essai ait reçu l'approbation d'un savant et judicieux critique, dont les travaux de philologie et de jurisprudence ont acquis une juste célébrité (2), et nous le prions de recevoir nos remercîments sincères. Nous devons exprimer aussi notre reconnaissance à M. Robert, Conservateur de la Bibliothèque de Sainte-Geneviève, et à M. André Borel, Avocat et Élève de l'École des chartres, qui ont bien voulu nous éclairer de leurs conseils,

Nous avons conservé, avec scrupule, le langage, l'orthographe, les divisions et les titres des chapitres du ma-

----

(1) Ce Registre de la Chambre des Comptes a malheureusement péri avec les autres registres de cette Chambre, dans l'incendie du 27 octobre 1737. Il était, à proprement parler, le cartulaire de Normandie. (Brussel, *ibid.*, page 990.) Il serait peut-être facile de faire revivre en quelque sorte tous ces registres : les tables de ce qu'ils contenaient existent à la Cour des Comptes et aux Archives du royaume ; on pourrait noter tout ce qui a été imprimé et retrouver dans les différents dépôts de manuscrits, et surtout à la Bibliothèque royale, les pièces qui sont encore inédites. Je me propose de faire ce travail pour le *Sancto Justo* où existait la plus grande partie des pièces que nous publions.

(2) M. Pardessus, Avocat, Membre de l'Institut de France, Académie des Inscriptions et Belles-Lettres.

nuscrit ff. 2 (1) de la Bibliothèque Sainte-Geneviève ; nous avons seulement ponctué le texte, et mis les Assises après les Établissements qui se trouvent avant dans le manuscrit. Nous avertissons aussi que, pour faciliter l'intelligence du texte et les recherches, nous avons placé à la fin du volume un Glossaire et une Table des chapitres.

(1) Nous avertissons que ces signes ff. 2 ou F. f. 2 signifient manuscrit français placé case F, N, 2, de la Bibliothèque de Sainte-Geneviève, section des manuscrits.

A. J. MARNIER,

Avocat et Bibliothécaire de l'Ordre des Avocats à la Cour Royale de Paris.

ETABLISSEMENTS
ET COUTUMES DE NORMANDIE,

AU TREIZIÈME SIÈCLE.

Quando (1) dux Normannie in ducem recepitur, sacramento tenetur ecclesiam dei deservire et ea que ad eam pertinent, et bonam pacem tenere et legalem justiciam.

Comites, vel barones, vel milites si fuerint de domo vel familia ducis, sive servientes excommunicati non erunt, duce vel ejus capitali justicia nesciente; non enim bonum et principem et dominum terre cum excommunicatis communicare. Item statutum est quod, si aliquis predictorum hominum versus ecclesiam Dei inique egerint, duci vel ejus justicie capitali eorum ostendatur iniquitas, et eorum malefactum absque dilatione planarie faciant emendari. Si aliqui vero aliorum hominum excommunicati fuerunt, et excommunicationis

(1) Manuscrit 10390—2, page 61, il place ces passages avant le chapitre du Duc : *Nouveau Coutumier de Bourdot de Richebourg*, vol. 4, page 7.

Devant le chapitre de l'Office au Vicomte, même Coutumier, *ibid*, page 54, ce manuscrit place un extrait de l'ordonnance pour la réformation des mœurs du Languedoc. *Ordonnance du Louvre*, tome 1er, page 65 et suivantes.

vinculo per annum et diem negligenter subjaceant, omnis rei in misericordia ducis erunt.

Misericordia excommunicati et emendatio est versus episcopum, catallaque habent usque ad novem libras propter victum suum et domus sue. Hereditas excommunicati non vendetur, nec invadiabitur pro satisfactione excommunicationis. Militi vero absoluti arma et equi sui cum predictis victualibus remanebunt.

Vidue et pupilli sunt in protectione ecclesie; vidua dotem suam habebit usque ad terciam partem hereditatis donatorie, excepto capitali masnagio quod heredi remanebit. Si vero aliud masuagium datum fuerit vidue in dotem, illud habebit propter curiem, vel castellum maritagium habebit, quod et quale datum fuerit ei ad sponsalia, si donator ei poterat dare.

Et se il ni a que un qui ne taigne mesnage, la veve demorra en la mestre maison jusque tant que li heir luy aura fait meson soulon l'avenant du fieu.

Si autem dos vel maritagium in hunc modum datum vidue denegata fuerint, vidue sacramento hominum restituerunt qui interfuerunt ad sponsalia, scilicet consanguinei et amici fuerint, alicujus partis vel utriusque partis: per conatos enim et amicos fiunt sponsalia.

De Foagio Normanniæ (1).

Foagium capiendum est in Normannia in tertio anno : ita videlicet quod duo anni præmittuntur sine foagio, et in tertio anno capitur. Tali autem modo accipitur, de unaquaque villa secundum hoc quod villa est, submonentur quatuor homines vel sex, vel plures, si opus est, et illi submoniti jurant quod fideliter colligent foagium, videlicet de quolibet foco XII denarios; et si in eadem domo manserint quatuor homines, vel plures sive pauciores, de quibus unusquisque vivat de suo proprio et habeat de catello XX solidos aut amplius, quilibet eorum reddit foagium. Vidua etiam si habeat de mobili quadraginta solidos aut amplius dat foagium ; si non habet quadraginta solidos, non reddit. De foagio autem quiti sunt omnes presbyteri et diaconi, et milites, et omnes personæ quæ habent ecclesias : molendinarii etiam et furnarii episcoporum et abbatum, et baronum et omnium militum, qui deserviunt dominis suis per membrum loricæ exinde quiti sunt. Et præterea quilibet episcopus et abbas et baro habet septem

(1) Tome 1er, p. 1083 de l'ouvrage suivant : *Veterum scriptorum et monumentorum historicorum, etc., amplissima collectio. Edmundi Martene, et Ursini Durand. Parisiis,* 1724. Ex mss. Colbertino. Brussel, Usage des Fiefs, pages 212, 213, 214. Le manuscrit 10390—2 place ce passage avant le chapitre de Monneage. (*Nouveau Coutumier général,* vol. 4, page 8.)

servientes quoscumque voluerit quitos a foagio. Sciendum est etiam quod duo ex juratoribus de singulis villis afferent ad ballivos regis foagium, et illi duo habebunt XII denarios de quitantia de foagio suo pro illis afferendis. Illi autem ipsi colligent foagium de hominibus templariorum et hospitaliorum et similiter afferent ad ballivos regis, et per manum ballivorum reddetur ad scacarium templariis et hospitalariis. Sciendum vero quod hæ terræ quitæ sunt de foagio : videlicet totum feodum Britolii quicumque illud teneat, et Vallis-Moritolii usque ad Petras Albas, usque ad Doet-Herberti, et tota terra de Passais et Alenconii et Alenconesium usque ad Pissotum Eraudi, et *Molins*, et *Pons-Molins*, et terra ad ea pertinens, et castrum de *aumenesche* in ballia de *Argenton*. In civitate Lexoviensi capietur foagium per manum episcopi Lexoviensis, et extra civitatem ut alibi capietur.

De Vadiis Maritagii sive Dotis (1).

Si vero sponsus viduc maritagium vel dotem invadiaverit uxoris sue, ipsa vivente, vel forjurante, precepto mariti sui non tenebitur.

Si mulier illa habebit et integra sic ei data fuerit ante ostium ecclesie, de parjurio agat mulier per

---

(1) Manuscrit 10390—2 de la Bibliothèque royale, p. 73, il place les passages suivants avant le titre de Parties d'héritage de l'ancienne Coutume de Normandie. Voyez le *Coutumier général de Bourdot de Richebourg*, vol. 4, page 13.

misericordiam, si voluerit, et si preceptum sponsi sui adimpletur fecit quod debuit.

Mulier enim in multis et in plurimis et fere in singulis viro suo obedire.

De Dotaliciis.

Ceterum mercator vel invadiator dotis vel maritagii vidue equivalens habebit excambium super hereditate heredis venditoris defuncti, vel invadiantis; et si sponsus nullam hereditatem habuerit, et si catalla habuerit die obitus sui, de catalis quibus libet et sponsi defuncti et vidue heredis reddetur peccunia mercatori.

Si vero nulla, nichil de nichilo mercator accipiet.

Si aliquis uxorem habebit et liberos, et ipsis viventibus unus de liberis uxorem ducatur. . . .

Nota. Nous avons vainement cherché dans le livre de la Reine et dans les nombreux manuscrits des Coutumes de Normandie que possède la Bibliothèque royale, les moyens de remplir les lacunes du texte français que nous publions d'après un manuscrit de la Bibliothèque Sainte-Geneviève. Nous nous sommes donc permis de traduire les deux paragraphes qui précèdent, afin que le lecteur n'arrive pas brusquement à la partie française de cet ancien texte.

Des Gages du mariage ou de la Dot.

Si l'époux de la veuve a engagé le mariage ou la dot de son épouse, de son vivant, même en forjurant, elle ne sera pas tenue d'obéir à l'ordre de son mari.

Si la dot de cette femme lui a été donnée entière et devant la porte de l'église, elle intentera par merci l'action de parjure si elle veut, et si elle obéit à l'ordre de son mari, elle fait ce qu'elle doit.

Car la femme, en beaucoup de cas, dans la plus part et presque dans chacun, doit obéir à son mari.

Du Douaire.

Au reste, l'acquéreur ou le détenteur engagiste de la dot ou du mariage de la veuve, aura en échange l'équivalent de la dot sur l'héritage de l'héritier du vendeur défunt ou engagiste. Si l'époux n'a aucun héritage, et qu'il ait des meubles au jour de son décès, l'argent sera rendu à l'acquéreur sur le produit de n'importe quels meubles appartenants soit à l'époux défunt, soit à l'héritier de la veuve.

Mais s'il n'y a aucune hérédité, l'acheteur forcé de rendre, n'aura rien en échange.

Si quelqu'un a une femme et des enfants et un de ces enfants épouse une femme, (1) vivant

---

(1) Ici commence le manuscrit F. f. 2 de la Bibliothèque Sainte-Geneviève.

som père et sa mère, et li done en doère ou une
partie ou tout le mariage sa mère, et li pères et
li filz muèrent après, la mère aura son mariage
tout quite, et la fame au filz prendra son doère
seur l'éritage au père et au fill qui sont mort ;
et s'il n'i a point d'éritage de par le filz qui morz
est, sa fame atandra son doère, tant que la mère
son mari soit morte ; en qui mariages ses doères
avait esté asis.

E se la fame à un vilain bordier est weve, elle
puet avoir la tierce partie del cortil en doère ; et la
borde remaindra à l'oir ; et se la borde est toute
seule sanz cortil, la fame aura le tierz en la borde.
E autresi em borjage se uns borjois n'a que une
seule meson, il em puet doner à sa fame la tierce
part en doère.

Se aucuns est qui n'oit point d'éritage et il pramet
à sa fame or ou argent en doère, quant vandra à la
mort à l'omme, li doères soit pris del commun
chatel, et celui porra la fame despendre ; mès se elle
velt avoir sa part des chatex, et elle velt avoir son
doère seur la partie son mari, elle l'aura en ceste
manière, que li denier seront gardé en la main de
léaus homes, tant que terres et rentes en soient
achatées, si qe elle vive des oissues, et ait en
doère la terre et les rentes, et après sa mort la terre
et les rentes viegnent as oirs son mari.

Il ne loise pas a weve fame à vandre les bois qui
sont en son doère, ne à estreper les vergiez : après
la mort à la fame li doères revandra au plus prou-

chiens oirs à celui de qui héritage il oissi ; et por ce
que en la cort de sainte yglise a trop grant délai as
weves fames à avoir leur doères ou lor mariages,
par les apiaus qui sont fet de l'arcediacre à l'éves-
que, de l'évesques à l'arcevesque, et de l'arceves-
que à l'apostoile, il a été establi par l'otroi de
sainte iglise qe cez choses soient terminées en la cort
laie, si qe cil qui en la cort laie sont convaincu
en leur malice, sont tenu à fere satifacion en la
cort de l'yglise par paine de deniers ou par péni-
tence de cors : et si doit l'en savoir que se l'em
plede de doère, ou de mariage, cil contre qui l'em
plede ne puet contremander que une foiz.

Des Orfelins.

Li orfelins aura la sésine de l'éritage telle comme
ses pères ot alior que il morut ; ne il n'est pas tenuz
à respondre en devant que il soit de tel aage qu'il
puisse desfandre l'éritage de sa main : li aages qui
est establiz à ce est XXI an, quar lors ont il discré-
cion et pooir.

De Jurée.

Que li puissanz ne face al non poant et al innocent
outrage, il est establi que par la jurée de XII léaus
homes del visné sera moustrée la sésine au père tele
comm il l'avoit le jor que il morut. La jurée soit
fete par homes qui ne soient cosin ne home à l'une
partie ne à l'autre, et si n'i ait nul qui ait haine

vers aucune des parties, li jureeur soient esleu par la justice.

Encore a-il esté establi que autresi comme force ne doit pas estre fete seur l'orfelin qui est en la garde sainte iglise, et en celle au duc, autresi se li orfelins velt entrer par force en autrui héritage et tenir le tant que il viengne au tens que il en doie respondre, il ne le puet pas fere, quar il ne doit pas fere force, autresi comme il ne velt pas que force li soit fete, einz sera requeneu par le serement as XII léans homes del visné, savoir mon se ses pères en estoit sésiz, et vestuz al jor que il morut ; tant comme li orfelins est en la subjection et en la garde d'aucun, nule chose n'est ferme qui soit fete de son héritage.

De partie de Frères.

La partie entre les frères sera fete selonc la costume del païs, chevalier contre chevalier, borjois envers borjois, vilains envers vilains, si que la costume del païs ne soit pas lésiée. Li chevaliers ainznez aura le fié de haubere tout entier, si que il ne sera pas partiz, li autre frère, auront les escheoites égalment ; et se les escheoites valent mielz que li fieuz de haubere, les parties soient fetes léalment, selonc la valeur des escheoites et del fieu, si que li chevaliers ainznez choisise sa partie, ou ès escheoites ou el fié de hautbere ; il ne sera pas partiz, ainz l'aura li ainznez tot ; et se escheoites i aviennent qui vaillent mielz que li fieuz de haubere, il sera en sa

volenté de prandre les escheoites ou le fieu de
haubere si que li fiez de haubere ne soit point par-
tiz, einz soit toz lessié à l'un ou a l'ainz né, ou a I
des autres; les escheoites soient parties selonc les
mesures del fieu, et selonc la costume del païs; et
se il n'ont nule escheoite, mes I seul fié de hau-
bere, où la moitié d'un fieu qui fu partiz, ainz que
cist establissemenz fust fez qui ne puet estre partiz,
il remaindra al ainz né, qui à son pooir trovera à
ses frères ce que mestiers lor sera tant que il leur
ait assingné leur vivre, ou en mariage, ou en autre
manière. Ne fiez de haubere, ne sergenterie qui
apartiegne à la segnorie au duc, ne baronie ne sera
pas partie : les vavassories et li vilain tenement,
et li borgage seront parti selonc la costume du païs.

De la partie as Suers.

Tuit li tenement seront parti égalment, se il
avient que il descendent as suers, neis cil qui en
autre manière ne puent estre parti, si que l'ainz
née suer aura le mestre manoir, et les autres suers
tendront de lui; et se il sont trois suers ou quatre ou
plus, et l'une ou les II sont mariées et les autres non,
se les mariées wellent avoir parz ès escheoites o les
autres qui ne sont pas mariées, leur mariages reven-
dra à partie, et sera partiz égalment o les escheoites,
si que chacune mariée aura son mariage sicomme
il estoit au jor que sa suer fu mariée (1).

_____

(1) Et cum escaetis equaliter parciatur ita quod quelibet

Del mariage as Suers.

Se aucuns oirs a une suer, il la mariera de sa partie de la terre som père ou de son chatel a son pooir règnablement, et em parage, et en tenement, se elle ne le forfet par vivre malvesement, et luxurieusment. Se li pères départ en sa vie les parties à ses emfanz, et chascuns a tenue sa part longuement et en pès el vivant au père, les parties ne seront pas tenables après sa mort ; mès se il est avis à aucun des frères que melleur partie li aviegue, il l'aura selonc la coutume del païs, se il n'a tenu par lonc tens après la mort som père, la première partie que ses pères li dona , sanz riens clamer.

De la garde des Orfelins.

Qui gardera l'oir orfelin que il covient estre en autrui garde? la mère ne le gardera pas. Por qoi? por ce qe se elle prenoit mari et elle en avoit emfanz, li emfant, por la covoitise de l'éritage, ocirroient leur einz né frère, et seroient oirs, ou li mariz meismes ocirroit som fillastre por doner à ses filz l'héritage. Qui le gardera donc? Le garderont si cosin? Nanil. Por qoi? Que il ne béent par aventure à sa mort et covoitent

maritata habebit suum maritagium, non maritata vero habebit suam portionem quantum maritagium erat in die quâ soror maritata fuit. (*Manuscrit* 10390—2 *de la Bibliothèque royale.*)

son héritage, parque il ocient l'innocent. Por oster donc tel desléauté, et por eschiver tel cruelté fu-il establi, que li orfelins soit en la garde à celui à qui ses pères estoit liez par homage. Qui est cil? ce est li sires de la terre, qui l'éritage ne peut avoir en demaine ; quar cil oir qui sont de noble lignage ont pluseurs oirs, et par desus ce il doivent estre norri en bueues mesons et enseigniez d'onestes ensaignemenz, et quant il sont norri ès mesons lor segneurs il sont tenuz à servir les plus léalment, et à amer les plus en vérité. E comment pueent li seigneur hair ceus que il ont norriz? i les ameront par noreture de pure amor, et garderont féelment lor lois et leur tenemenz, et mettront les oissues de lor terres en leur avancement; mès avarice est orandroit si montée, que li segneur gastent les biens as orfelins.

Se il avient que uns orfelins tiegne aucune chose del duc, jà soit ce que ce soit poi, et il tient plusors autres tenemenz d'un autre segneur ou de pluseurs; li dus aura la garde de l'orfelin et de toz ses tenemenz et tandra tout en sa main de qui que il les tiegne, quar li dus qui doit governer tout le peuple doit garder et governer l'orfelin plus léalment (1).

Li orfelins qui est oirs ne se doit pas marier sanz l'asentement son segneur, qui le doit marier léalment; ne la pucelle qui est oirz autresi.

(1) Voir le 49ᵉ Plaidoyer de Servin, et surtout p. 481, *édition de* 1630.

Li fil au vavassor, et a borjois, et à vilain, et al sergent, ne seront en nule garde fors en celle au sergent qui sera en la sergenterie le duc.

De la partie as Neveuz.

Li filz puis nez est plus prouchiens oirs en l'éritage som père qe li emfant à l'ainz né qui morut ainz que ses pères, si comme il avint del roi Jehan d'Engle-terre et de moult autres ; e cist jugemenz est très faus ; e après el tens de la guerre, quant li rois Richarz estoit em possession de la terre, les filles ne porent avoir nule partie de nul héritage qui eschéist de la mort leur père, encontre leur neveuz qui estoient fill de leur frère.

De la partie as Suerz.

L'en tient généralment que les suerz partent communément les eschcoites en tel manière que, se aucune qui soit mariée a fet en son mariage boenes mesons ou planté vignes ou marlé terres, elle choisira son mariage que elle a amendé ; ne porquant il sera contez o les eschcoites, sique les autres suerz qui ne sont pas mariées prandront les leur parties o les eschcoites. Li muebles ne sera pas raportez à partie, quar chascun peut donner son mueble à qui que il velt ; et se li meubles est communs as frères et as suers, et aucune chose en est donée por mueble à une des suers ou à pluseurs en mariage, à la porte de l'iglise, si que

li frère ou les autres suers ne le contredient pas,
icele chose remaindra à la mariée à torjorz; que
les autres ni partiront pas, ne ne sera pas raportée
à partie, o les escheoites de l'éritage.

Del Mariage as Suerz.

Se uns orfelins a suers qui soient en aage que
elles puissent estre mariées, elles n'attandront pas
que leur frère soient en aage, ainz seront mariées
par leur amis et par leur paranz ou de mueble
ou d'éritage, ne porquant elles auront régnables
mariages; e quant li frères vandra en aage, se li
mariage ne sont resnable, il seront fet tenable ou
par la jostice, ou par les amis, en tel manière que
se li mariages est amandez, ou par marler la terre
ou par fere mesons, la valor de l'amandement ni
sera pas contée, ainz gardera l'en que li mariages
valoit au jor que il fut donez à la suer à l'orfelin,
à la porte de l'yglise: einssi avint-il de Nicolas Trousebot
et de sa suer qui fu fame Robert de Tornebu;
e ce fu jugié en l'asise al val de Ruvill.

Des Chemins.

Li conte, et li baron, et li chevalier qui avoient la
garde des chemins en leur terres, trestoient male-
ment les marcheanz et les autres qui passoient par
les chemins et toloient as innocenz et à leur primes
leur deniers; ne ne se recordoient pas des comman-
demenz nostre segneur qui dit: Tu ameras tom prime

si comme toi meismes ; il establirent félenessement et desléalment en leur terres, paages et treuz, qui porce que il furent establiz dès pieça ne pueçent pas estre abatu del tout ; por eschiver tel force et tel toute, li dus qui doit governer tot le pueple, gardera les chemins si em pès que se aucuns asaut autre en chemin, et il li fet sanc et plaie, et il est pris, il l'espeneira par les membres, et se il l'ocit il em perdra la vie.

Se aucuns est navrez en chemin, il porra prover son sanc par bataille de sa main, ou par autre qui estoit o lui qui vit le mesfet ; li navrez ou ses aversaires si déliverra par serement, selonc la loi du païs ; et se aucuns est navrez dedanz la banliue, li malfetors se déliverra par son serement, et par celui à XLVIII homes, selonc la costume. Se marcheanz qui passe par chemin doit à aucun, ne il, ne sa marcheandise ne seront pris par chemin, fors par la main à la justice le Roi ; mès se il doit en son ostel, si rende. Nus homs n'ost prandre d'aucun ne por treu, ne por paage fors ce qui fu pieça establi qui ne pueit estre abatu.

D'assaut de Porpris et de Charrue (1).

Se aucuns assaut home dedanz le porpris de sa meson, et il li fet sanc o arme esmolue, il l'espe-

---

(1) Le manuscrit 10590—2, page 113 *ibid*, place ces passages avant le titre de Suite de meurtre. (*Coutumier général*, vol. 4, page 28.)

neira par les membres ; se il l'ocit il en recevra mort : autresi à la charrue. La charrue doit estre en la pès le duc, et en sa desfansse ; il garde cels qui la maiñent. Li guaengnierres ne soit pas destorbez d'arer, jà soit ce que aucuns ere à tort en autrui terre.

Se li puissent costive à tort la terre as moins puissant, cil qui la terre est, s'em plaingne, e se li guaengnierres est atainz que il oit fet tort, cil à qui la terre apartient aura sa terre arée ou semée. Ce est donc profitable chose que l'areüre ne soit pas destorbée ; e li gaengnierres qui ara à tort autrui terre l'amandera par son chatel en la cort au segneur selonc la costume del païs.

Se quens ou barons ou autres puissanz homs velt tolir terre par covoitise à son home ou à son voisin, il ne le poura pas fere, quar il sera requeneu par le screment de XII léaus hommes, li quiex en ot la derrenière sésine ; e se li puissanz hom est comvaincuz de la sésine, il remeint en merci de toz ses chatex, et li aatres à son héritage.

Autresi se li mains puissanz ere la terre au plus puissant, la charue ne soit pas destorbée, mès, si comme nos deismes devant, la sésine del derrenier aost sera queneue par le screment à léaus homes del visné.

De Tolir autrui terre (1).

Se aucuns puisenz plede contre son fueble home,
ou contre son fueble voisin, et il li velt tolir sa
terre par plet, porce que il se fie en sa richece et
em force de champions, et nom pas en notre se-
gnour; e li povres hom est em possession de la terre,
il aura le requenoissant de XII chevaliers ou va-
vasseurs par leur screment, li quiex a gregnour
droit en celle terre, se bataille n'en a ja esté gagiée;
mès se il n'est em possession il n'aura pas le reque-
noissent, e se li puissanz homs est convaincuz de
la cause, il remaint en la merci le duc de toz ses
chatex, por la fause demande, et au povre home
remaint sa terre.

E en contre ce se li povres hom qui tient sa terre est
convaincuz, et il la porsis malement et à tort celle
terre, il pert la terre et remaint en la merci le duc
por le deforcement.

De Gage d'Aumone et de Monoierie (2).

Se aucuns a engagié sa terre à aucun prestre et
li prestres muert, et li autres prestres qui vient

(1) Le manuscrit 10390--2, *ibid*, page 167, place ce
passage avant le chapitre de Brief d'establie. (*Coutumier
général*, tome 4, page 48.)

(2) Le même manuscrit, *ibid*, page 171, place ce
passage avant le chapitre de Bief de fief lay et d'omosue.
(*Coutumier général*, tome 4, page 49.)

après lui, est covoiteus, et veut avoir celle terre et non de l'yglise; il ne puet avoir la, quar il sera requeneu par le serement de XII homes del visné savoir mon se ce est l'aumosne de l'iglise au devant dit provoire, ou li fieuz au lai. Se li prestres est atainz de son tort, il remaint en la merci le duc por le deforcement et de toz ses chatiex, se il a riens en fieu lai et li lais oit sa terre; mès la laie justice ne metra pas la main en l'aumosne au provoire, ne ès choses qui apartiennent à l'iglise.

De Fié engagié (1).

Pluseur riche home pranent les terres as povres en gages, et les tienent par lonc tens, et puis welent muer le gage en héritage, ce ne pucent il fere, quar il sera requeneu par le serement à XII léaus hommes del visné savoir mon se ce fu li héritages as povres qui fu engagiez as riches? et se cil qui tienent en sont ataint, il remaindront en la merci le duc por le deforcement, et perdront les deniers du gage que li dus aura, et la terre remaindra à ceux qui l'enguagièrent.

Se li plaintif sont ataint que il oient tort, il remaingnent en la merci le duc por leur fausse demande, et la terre remaint à celui qui la porsiet.

Cist troi requenoissant sont fet par le serement

---

(1) Le manuscrit 10390 — 2, page 161, place ce passage avant le titre de Brief de fié et de Gaige. (*Coutumier général*, volume 4, page 46.)

à XII homes léaus qui sachent la vérité de la chose,
et se dui ou troi se font non sachant de la vérité ,
li requenoissenz sera fez par autres qui la vérité en
sachent; einssi puet l'en fere jusqu'à III fois : et
se l'en ne puet trover XII homes qui sachent plain-
nement liquiex i a droiture, l'une partie et l'autre
revandra au plet, se cil qui se plaint velt pleder, si
que cil qui tient si tiengne jusqu'à tant que la chose
soit terminée par droit, ou par plet, ou par ba-
taille.

De Fieu et de Loage

Autresi est fez requenoissanz savoir mon se la
terre de que l'em plede est héritages, on moitoierie;
ou savoir mon se une meson ou une terre est tenue
à loage ou ce est héritages ?

Porce fu il establi que autresi comme la droiture
à aucun est escleriée à torjorz par bataille vaincue
est-elle escleriée à torjorz par le screment à XII
hommes.

Dessésine.

Ill i a I autre requenoissent qui est fez en autre
tel manière; ce est quant alcuns muert sanz propre
oir, ce est sanz fill ou sanz fille, et aucuns entre
en son héritage qui dit que il est li plus prouchiens
oirs al mort, jà soit ce que ce n'est pas voir; il sera
requenue par le screment à XII homes li quiex sera
li plus prouchiens oirs à celui qui morut puis le
derrenier aost, et cil aura l'éritage.

E se aucûns qui soit plus prochiens oirs al mort, suefre que autres porsiée l'éritage al mort par XII aolz, que il n'en fet plainte par devant la jostice, il n'aura pas puis requenoissent sus celui qui tient; ainz sera la chose terminée par plet ou par bataille.

De Devestement feit sanz jugement (1).

Nus n'ost desvestir home d'aucune chose forz par l'ordre des jugemenz : il sera donc requeneu par le serement de XII hommes del visné, li quiex en ot la sésine el derrenier aost; et si li dui ou li troi se font non sachant de la vérité de la chose, elle soit terminée par les IX, se il en sevent la vérité.

Autresi est-il de la sésine au père à l'orfelin del jor que il morut et de toutes autres dessésines; quar par dessésine n'est pas tolue autrui droiture, quar la jurée n'est pas fete de la droiture mè de la possession.

De Présentement d'Yglise (1).

Autresi est-il fez requenoisanz de présentement d'yglise: qui présenta à aucune yglise la derrenière perssone.

(1) Le manuscrit 10390—2, *ibid*, page 134, place ce passage avant le titre de Brief de nouvelle dessaisine. (*Coutumier général*, tome 4, page 37.)

(2) Le même manuscrit, *ibid*, page 154, place ce passage avant le titre de Patronage d'église. (*Coutumier général*, tome 4, page 44.)

Il est costume en Normendie que li seigneur de la terre aient ès yglises la droiture del patronage, se leur père l'orent en leur terre.

Li lai se doivent donc porveoir que il présentent à l'évesque persones convenables, et li esvesques est tenuz à recevoir les, se elles sont convenables.

Il a sovant contanz qui présenta en aucune yglise la derrenière personne, et cil contanz est finez en cort laie par le serement de XII léaus homes, si comme noz deismes en dessésine.

De Veue de terre (1).

Il convient en toz requenoissenz que cil qui jurent, voient les terres et les mesons, ou les caves, ou les bois, ou les autres choses de qoi li seremenz doit estre fez, ainz que il jurent; e autresi li champion ainz que il jurent.

De Brief de requenoissant.

Nus requenoissanz ne sera fez forz par le bief le duc ou à sa justice, qui est euz legièrement, quar li clerc sont establi à fere les briés, qui oent les plaintes as homes.

Quànd li briés est apportez au baillif le duc et païs à celui qui se plaint, il fet le plet estre em pès jusq'à la première assise de sa baillie; e dedanz

---

(1) Le manuscrit 10390 — 2, *ibid*, page 138, place ces passages avant le titre de Veue. (*Coutumier général*, tome 4, page 38.)

ce li balliz fet veoir la terre, et metre en escrit les nons des jurceurs seur la veue de la terre : tuit li plet et li non des jurceurs sont en l'assise ès roles qui sont gardé bien et léalment.

D'Assises (1).

Les assises sont tenues par les chevaliers et par les léaus homes ; chascuns doit estre jugiez par ses pers ; li baron et li chevalier qui sevent les établissemenz de la loi, et qui criement Dieu pueent bien jugier li uns l'autre, mès il ne loist pas à vilain ne à aucun del pueple à jugier chevalier ou clerc.

De Jurée (2).

Li jurreeur soient esleu léalment par la justice sur la veue de la terre, tel qui ne soient del lignage à l'une partie ne à l'autre, ne leur home, ne qui aient vers aus aucun signe de haine.

De cel qui tienent l'assise (3).

Troi ou quatre chevalier ou baron qui sont esleu à tenir les assises, doivent jurer qu'il tandront léal

(1) Le manuscrit 10390 — 2, *ibid*, page 106, place ces passages avant le titre de Assise. (*Coutumier général*, tome 4, page 24.)

(2) Le même manuscrit, *ibid*, page 108, place ce passage avant le titre de Jureurs. (*Coutumier général* , page 29, tome 4.)

(3) Le même manuscrit, page 153, place ce passage devant le chapitre de Assise. (*Coutumier général*, tome 4, page 11.)

justice et garderont les establissemenz del païs et
les droiz as innocenz et les rolles ; et que il ne prandront pas loier del malvès por grever l'innocent.

Li rolle sont gardé por oster les contanz des choses
qui ont esté jugiées en assises.

De Recort (1).

. Tout ce qui est jugié en assise a recort, et ce qui
est terminé en aucune cort par bataille a autresi
recort.

Del Segneur qui ne feit droit à son home. (2).

Se aucuns sires ne velt fere droit à son home en sa
cort, et il a eu le commandement le duc, ou à sa
justice de fere li droit, li homs gagera défaute envers
son segneur, se bataille n'en a esté gagiée ; e celle défaute jurra-il o II autres homes en la cort son segneur, et puis sera li plez en la cort le duc per à
per entre le segneur et son home.

Se li sires tient la terre ou le fié de que li contanz est d'autre segneur que del duc, et li sires de
qui il tient velt avoir sa cort de ce plet, il ne l'aura
pas, quar li homs mosterra la défaute en une seule
cort.

(1) Le manuscrit 10390 — 2, *ibid*, page 153, place ce
passage avant le chapitre de Recort de Bataille et d'Eschiquier. (*Coutumier général*, volume 4, page 44.)

(2) Le même manuscrit, page 62, place ce passage
avant le chapitre de Alliance. (*Coutumier général*, volume 4,
page 7.)

E se aucuns se plaint d'un autre en la cort le duc, avant qu'an la cort au seigneur qui home il est, et jorz est asis à l'une partie et à l'autre par la justice au duc, et la veue de la terre est fete, et dedanz le jor qui est assis après la veue de la terre, nuz ne requiert la cort, se il la demande al jor qui est asis à pledier, il ne l'aura pas : cez défautes sont establies por la desléauté ou por la folie au segneurs.

De Guerre (1)

Nus homs n'ost fere guerre envers autre , mès qui leur fera tort, si se plaignent al duc et à sa justice ; et se ce est cause citeaine, il fera amander le mesfet par chatel ; se elle est criminal, il le fera amander par les membres.

De partie de frères.

Se li frères ainz né velt tolir à son frère puis né sa partie de la terre partable, et dit que il donna à son puis né deniers por quiter li sa partie de la terre qui li aféroit, de quoi il ne fu onques sésiz, ce ne li vaut riens, qar coment pot li puis né vendre ce que il onques n'ot ? Nule partie de terre ne sera ferme entre frères, se li puis nez n'a eu aucune partie de terre et porsisé la par aucun pou de tens.

Se il avient que père et mère aient filz ou filles de que li premiers ou li seconz praingne fame et ait

(1) Le manuscrit 10390 — 2, *ibid*, page 114, place ce passage avant le titre de Suite de Meurtre. (*Coutumier général*, tome 4, page 28.)

emfauz, et il n'ot omques nule partie de terre el
vivant som père et sa mère, et il muert einssi; si
emfant n'auront pas l'éritage leur aiel, ainz l'auront
li autre emfant; jà soit ce que il sont puis né que li
pères à cez n'estoit, quar li fill sont plus près de
l'éritage leur père que li neveu; il n'est pas des
suers autresi comme des frères, quar la fille vendra
en l'éritage en lieu de sa mère.

De Vente de Bois.

Li bois ne sont pas vendu el trépas de la marche,
forz par l'assentement le duc et à sa justice.

De Terre donée.

Se li frères done à son frère, ou la suer à sa suer,
ou li cousins à son cosin partie de terre, et il em
prant homage; se cil qui en a fet homage muert
sanz oirs, li héritages ne revendra pas à la table au
segneur dont il parti, mès à prochiens paranz ou
cosins.

Se aucun sires done à aucun terre por son ser-
vise, et il en a son homage, et uns autres homs qui
oit grégnor droiture en celle terre l'en emplede et
l'en travaille, et il pert celle terre par plet; li sires
qui li dona ne l'en respondra pas, ne ne li eschan-
gera pas à autre terre, qar li plez n'apartient pas
à l'omme mès au segneur qui doit garantir son don;
mès se il fu requis devant le plet de garantir son
don à son home, se il pert celle terre ou par plet
ou par défaute, il est tenuz à eschangier à son home
le don à la value.

Des Omecides (1).

Se li pères ocit son fil par mesaventure, face sa pénitence que sainte yglise li enjendra ; et, se il l'ocit par félonie, ill ira en essill, hors de la poosté le duc ; et sa fame ira o lui ; e quant il sera morz, la fame porra revenir à son héritage, se elle velt : quar por ce que li filz est du sanc et de la char au père, li pères ne sera pas livrez à mort por ocirre som fill.

Se li frères ocit som frère par mesaventure, ou li cousins germain son cousin germein, ou l'une suer l'autre, ou la mère son fill ou sa fille, face la pénitence qui li sera enjointe en l'iglise.

Se li uns frères ocit l'autre, ou l'une suer l'autre par félonie, il en sera livrez à mort ; et se il le mehangue il l'espencira par les membres.

Se la mère ocit son fil ou sa fille par félonie, elle ira en essill hors de la poosté le duc autre si comme li pères. Se li sires ocit son home il en recevra mort ; e se li homs ocit son segnor, si ce n'est par mesaventure, il soit trainez et panduz, et se ce fu par mesaventure il en recevra mort.

Se li filz ou la fille ocit son père ou sa mère par mesaventure, face en la pénitence qe seinte iglise li enjoindra, et se ce fu par félonie li filz soit trainez et panduz et la fille soit arse.

(1) Le manuscrit 10390 — 2, ibid, page 114, place ces passages avant le titre de Suite de Meurtre. (Coutumier général, tome 4, page 28.)

Des Fuitis.

Li dus ne puet fere pès d'omicide envers celui qui la fet, se il n'est avant reconciliez as amis à celi qu'il . ocit.

De larrecin , de murtre, de traïson , d'arson de meson par nuit, de roberie ne puet nule pès estre fete o ceus qui en sont convaincu; mès se il sont pris, il soient pandu, ne li dus, ne sa justice n'em praingne deniers.

Ne por quant se cil malfeteur sont de noble lignage, et aucune gent de religion les requièrent à estre en leur religion, si comme à servir toute leur vie au temple et à l'opital, il le porront avoir par l'otroi à la justice.

Se li homicides puet aquerre la pès as amis à cels que il a ocis, cene vaut rienz se il n'a la pès le duc; e se il a pès d'une part et d'autre il ait les lettres le duc en qe sa pès soit contenue, et les port scellées à son col 1 an et I jor, sique il soit veuz as assises et as foires, et al marchiez del païs, si que li sergent ne le truissent sanz le scel le duc, et que tuit cil qui verront la droiture et la léal justice le duc, se gardent d'amcheoir en autretel homecide. Se cil ho- mecides est quens ou barons, ou de noble lignage, il ne portera pas à son col les letres le duc, einz les aura entor lui segréement; quar tel home qui si sont de grant nom ne pucent aler seul par païs ne céleement, mès dedanz XV jorz sera leur pès seue aval le païs, veillent ou ne veillent. La menue gent porteront à

leur col le séel le duc 1 an et 1 jor sique il soit veuz
des voisins par qui testemoines li homecides sera
seurs se il pert ses letres par mesaventure dedanz
l'an et le jor.

Jà soit ce que homecides ait la pès le duc, ne por
quant ne il, ne si oir n'auront son héritage que il
perdi por l'omecide; ainz l'aura li sires del fieu;
et autresi de toz les fuitis.

Des pès Fuitis.

Li conte et li baron et tuit li home sont tenuz par
leur serement à garder la pès le duc et léal justice;
e se aucuns est fuitis por aucun crime, et il est
apelez à trois assises as marchiez del païs de venir
à l'asise et as plez por fere le droit del païs, et il
n'ose venir à la justice, si chatel soient pris et soient
randu à la justice, et ses nons soit escriz ès roles le
duc, e sa meson soit arsse, se elle est en vile, e se
elle est en borc ou en cité, elle soit abatue et portée
hors de la vile, et arse en droit midi; ce fet l'en que
tuit voient la léal justice le duc, et aient peor d'ein-
cheoir en tel périll. Li vergier au fuitif doivent estre
abatu o congniées en droit midi.

Des Receteeurs.

Tuit se porvoient donc que il ne se consentent
as fuitis, ne que il ne les recevent en leur mesons;
qar se li fuitis est pris, en la meson à aucun li re-
ceterres perdra tot ses chatex, et sera em péril de
vie et de membres.

Quant li fuitis sera pris, il sera puniz par le cors.

Se li fuitis demeure aucun pou de tens en une vile voiant les voisins, toute la vile et li sires meismes, se il maint en la vile, l'espenciront par perte de toz leur chatiex, et li fuitis sera pris et puniz si comme nos avons dit.

De Prison.

Se uns forz hom ocit aucun et méhangne, et nus del lignage ne le suit, la justice prandra l'omecide, si sera tant en la prison le duc que il se purgera par jugement d'eve.

De Mehaing.

Nus hom ne nule fame ne puisse apeler aucun mehangnié de nule chose fors de som propre mehaing, de que li malfeteurs se purgera par jugement de fer.

De Tesmoinz.

Nus n'est tenuz à respondre de rienz se cil qui demande n'à tesmoing prest au premier jor, et par son testemoine; cil qui respont s'espurgera par son serement des choses que il nie, selonc la costume del païs, ou il prandra le serement de cel tesmoing par qui testemoine il est contrainz de respondre; einssi est-il de voisin envers voisin: mès il n'est pas einssis entre le segneur et son homme, quar li sires aura sanz tesmoing le serement de son homme une foiz en l'an.

Li foretier n'amenront pas tesmoing scur le mes-
fet de la forest; ne li prevost en leur prevosté; ne
li sergent en leur sergenteries.

De Bataille.

Tuit chevalier et tuit sergent ont en leur
terres leur justice de bataille en cause citeaine;
et quant li champions sera vaincuz, il auront
LX sols et I denier de la récréandise; et la justice
de leur larrons auront-il, et leur chatiex.

D'Essoines (1).

Plet et batailles pucent estre essonié ou respoitié
par trois foiz : à chascune foiz par II homes; e,
après le tierz respit, se cil qui tient ne vient avant,
cil qui demandé sera mis en possession de la chose,
et en aura les issues en ses propres us; e se li de-
manderres ne vient avant, cil à qui il demande
tandra la possession qui li sera ajugiée à tor jorz
por la défaute au plaintif.

La quarte essoine puet estre fete, mès ce avient
pou par maladie de langor qui dure par lonc tens;
e celle langor sera veue par léaus hommes, savoir
mon se cil qui gist en son lit se faint que il soit ma-
lades, e celle langor doit l'en atendre I an, et lors
viegne se il puet, ou il envoit responssaill.

Cil par qui requenoissanz doit estre fez ne pucent

---

(1) Le manuscrit 10390 — 2, *ibid*, page 95, place ce
passage devant le titre de Exoigne. (*Coutumier général*, vo-
lume 4, page 19.)

estre essoiné que une foiz, et li seremenz as es-
sonieors en est pris. Ill i a pluseurs manières d'es-
sonier: por maladie qui est prise en venant à la cort,
por prison, por guerre, por pélerinage de sainz,
por estre hors del païs, por les besoignes tempo-
reus; li essonieeur diront la manière de l'essoine,
mès il ne nomeront en asise ne jor, ne terme; en
autre corz il nomeront jor, si comme à VIII jorz
ou à XV, selonc la costume del païs, ce est del
malade tant seulement.

De Maladie.

E se aucuns est malades jusqu'à cel terme, il
pueit essoniez estre por la maladie jusqu'à la tierce
foiz, et lors, sera il veuz par léaus hommes se il est
détenuz par maladie de langor.

De Délaiemenz.

De l'emprisoné sera atanduz li termes tant que
il puisse renablement issir de prisons; de guerre,
atandra l'en jusqu'à tens de pès ou de trives ; de
pélerinage d'outre-mer, an et jorz; de pélerinage de
Rome II mois et II jorz; de pélerinage de Saint
Jaque II mois et II jorz ; autresi de Saint-Gile I mois
et I jor; et autresi des autres selonc la maniere du
pélerinage.

Se aucuns est por les choses temporex en Espangne,
il aura terme de revenir II mois et I jor; se il est
en Engleterre il aura XLI jor.

D'Assises (1).

Se aucuns est semons de plédier en cort à conte, ou à autre chevalier, et il le convient à cel jor meisme plédier por autre chose en la cort le duc, ou fere l requenoissant, il se porra essonier por ceste cause en la cort son segnor.

Tandis comme assise sera tenue en aucune contrée ou en aucune visconté, nus hom ne soit tant hardiz que il tiegne plez en sa cort, quar li baron et li autre preudome se doivent assembler à tenir les assises et à fere léaus jugemenz.

De Servises (2).

Li frères ne doit pas service à son frère, ne li cousins germains li uns à l'autre, ne nul de la lignéc jusqu'à tant que il viegnent al qart degré; selonc la manière del tenement et del païs, sera mis cil servises sur la terre.

De Garanz (3).

Li segneur garantiront à leur puis nez leur terres

(1) Le manuscrit 10390 — 2, page 69, place ce passage avant le chapitre de Assise. (*Coutumier général*, tome 4, page 11.)

(2) Le même manuscrit, page 84, place ce passage avant le chapitre de Tenure. (*Coutumier général*, tome 4, page 15.)

(3) Le même manuscrit, page 178, *ibid*, place ce passage avant le chapitre de Ainsné et de Garant. (*Coutumier général*, tome 4, page 52.)

de toutes querelles, autresi comme leur demaine, ne leur demanderont por ce rien que il ne doient. Li oir garantiront autresi as weves leur doères et leur mariage, autresi comme lor demaine.

De Reliés (1).

Quens relevera sa contée si comme contée, et li baron sa baronie de leur segnors, selonc la coutume du païs; le fieu de hauberc si comme il doit; li autre tenement seront relevé par acres, et chascune acre de terre dorra XII deniers, et del chevel manoir V sols. Li autre home del pueple reliévent por la mort leur pères et leur mères, ou as oirs de la terre, les tenemenz que il tiennent en leur main propre, et se aucuns tient dels il aidera à son segneur à paier son relief, et li dorra demi relief, ce sont VI deniers de chascune acre.

D'Aides (2).

Se aucun sires fet de son einz né fill chevalier, si home li doivent aidier autresi comme de demi relief; et autresi à marier s'ainz née fille. Nus ne demant à ses homes tailles ne toutes, fors par les letres au duc et par son ostroi; ce est à savoir por

(1) Le même manuscrit, page 88, place ce passage avant le chapitre de Relief. (*Coutumier général*, tome 4, page 17.)

(2) Le même manuscrit, *ibid*, page 89, place ce passage avant le chapitre de Aides Chevels. (*Coutumier général*, tome 4, page 18.)

grief de guerre ou por autre droite cause, ou por
cez choses que nos avons dites.

D'Usures (1).

Se aucuns useriers muert, et il est atainz par le
serement de XII de ses voisins que il ait maintenu
usure dedanz l'an et le jor que il muert, li dus
aura toz ses chatiex ; en qui terre que li useriers
maingne, sa fame ne si emfant n'auront riens de
ses chatex, ne li provoire plus ; mès li héritages
remaindra à la fame et as emfanz.

De prandre fame à force (2).

Se aucuns prant par force une pucelle en ville
ou en champ ou em bois, il convient que elle crit
se elle puet, si que li voisin qui orront le cri
praingnent le malfeteur se il puent ; e dès que la
méchine porra, elle doit aler à la première justice
le duc que elle porra trover, et la justice fera veoir
la meschine et sa bleceure par preude fames et léaus
qui sachent quenoistre se elle a esté prise à force.
Quant li malfeteurs sera convaincuz en ceste ma-
nière de sa malvestie, par le serement à preude fa-

---

(1) Le manuscrit 10390 — 2, *ibid*, page 67, place ce
passage avant le chapitre des Usuriers. (*Coutumier général,*
tome 4, page 10.)

(2) Le même manuscrit, page 127, *ibid.,* place ces
passages avant le titre de Seigneur et de leur hommes.
(*Coutumier général,* page 33, tome 4.)

mes et à léaus, il se purgera par jugement d'eve se il veut, e se il périst il l'espencira par les membres.

E se il veut prandre la mechine à fame einz que il soit convaincuz de sa malice, il ait la fame se li parant à la mechine et ellé le welent.

Se la mechine à aucun velt avoir son ami à mari si à force que elle li dit que il la prise par force, et elle est veue par preude fames que elle n'est point bleciée, et elle ofre à prover le en jugement, elle ne sera puis oie, einz sera batue et chaciée hors. Porqoi? Por ce que ill i a moult de fames si plaines de maligne esperit que elles voudroient bien metre leur vies en aventure par si que elles poissent ocirre leur garçons que elles heent.

Se aucuns prant par force la fame son voisin, la fame nel provera pas, mès il lira à son voisin a prover le par bataille, se il velt, et se il est prové, il l'espencira par les membres; e se li mariz est vaincuz il paiera LX sols et un denier, por la récréandise, et sa fame soit fustée et chaciée hors et perde la loi de testemoine, mès il li loise bien a défandre sa vie en cause criminal; chascuns qui est vaincuz par bataille pert loi de testemoine.

Se aucuns prant à force fame weveetcriz en est oiz, elle ne provera pas la force par ses voisins; mès se elle a aucun home ou aucun parant qui ait vu le fet, et ait esté bléciez por ce, il porra prover le malfeteur par bataille, de sa bléceure et del mesfet qui a esté fez à la fame; e se li malfeteurs est vaincuz il l'espencira par les membres : se li autres est vaincuz il paiera LX sols et I denier, por la récréandise, et la fame sera fustée et chaciée hors.

Se la veve fame n'a nul tel home qui wille ce fere, li dus tendra le malfeteur em prison tant que il s'en isse par pès, ou il se purgera par jugement d'eve, se einssi est qe la force soit queneue par les voisins.

De l'rison (1).

Toz mesfez de que homz est mal renommez, met le malfeteur em prison par la justice, jà soit ce que nus ne l'en demant riens, si que il sera tant em prison que il soit purgiez par jugement d'eve.

Se aucuns prant fole fame par force, et il ne li veut doner sa déserte, il sera en la merci le duc de toz ses chatex, et la fole fame aura sa déserte, et tuit si damage seront restoré à li, ncis se sa robe est dépeciée, se einssi est que la force soit queneue par les voisins; et se cil qui li fit la force na nul denier, il fera pénitence en la prison le duc par VIII jorz.

De Prison.

Se aucuns plege home qui soit repris de la mort à aucun ou d'aucun crime, et il le plege de venir

(1) Le manuscrit 10390 — 2, page 123, *ibid.*, place ce passage avant le titre de Treves frainctes. (*Coutumier général*, tome 4, page 31.)

à cort et de respondre, et cil est fuitis et ni velt venir;
li pleges l'espencira par perte de tout son chatel,
jà soit ce que li malfeteurs fust tenuz que il i perdist
membre ou vie.

Des Pleges qui apartiennent al duc (1).

Ci sont li plet qui apartienent au duc : aparte-
nance d'yglise; briseure de chemins; asaus de pez;
briseure de mesons; asauz de charrue ; desésine;
tuit li requenoissant.

Des Jurées.

I loist à toz homes à tenir jurée en leurs corz
par l'asentement des parties, de toz chatex, et
d'éritage ; et à eslire les jureeurs, par l'assen-
tement à l'une partie et à l'autre. E ce n'apelle
l'em pas reqenoissent, mès jurée de défaute et
de fame prise à force, et de multre, et de robe-
rie fete en tens de pès; et de cels qui sont
fuitif por aucun crime : cist plez et ces jurées ne
pueent estre tenu forz en la cort le duc.

D'Assises. (1).

Assises sont tenues une fois ou II par an en

(1) Le manuscrit 10390 — 2, *ibid.*, page 105, place ces
passages avant le chapitre de Haro. (*Coutumier général,*
tome 4, page 23.)

(2) Le même manuscrit, page 106, place ce passage

chascune visconté, et lors sont li baron juré semonz
à tenir les assises, et doivent enquerre que li vis-
conte et li sergent n'aient mal fet à leur baillies
envers les innocenz, et que il n'oient receté larrons
et autres malfeteurs par deniers qui leur aient esté
doné, et que il n'oient fet pès célcement d'omecide,
qui soit atainz par le screment de XII chevaliers del
visné. E se il truevent que tel chose oit été fete il la
doivent fere amender léalment et fermement.

Se (1) uns très povres homs se plaint d'iceles justi-
ces, li baron juré qui tiennent l'asise garderont le droit
au povre, si que li povres porra pledier o le visconte
en sa visconté per à per; et se li visconte a fet des-
léauté contre le povre de cause citeaine, il l'espe-
neira de toz ses chatex; e se ce est de cause crimi-
nal, il sera mis en la prison le dus, tant que li
dus en ait commendé sa volenté.

D'Amandes.

Li baron juré font venir les sergenz de la visconté,
et des plus léaus chevaliers du païs, VIII ou XII ou
XX, selonc ce que la baillie est grant, à dire voir, par
leur screment des chatex à cels qui en l'asise sont
chaoit en la merci le duc. Se quens, ou barons,
ou archevesques, ou esques, ou abés est chauz

avant le titre de l'Assise. (*Coutumier général*, tomo 4, page
24.)

(1) Le même manuscrit, page 53, place ces passages
avant le chapitre de l'Office au vicomte. (*Coutumier général*,
tome 4, page 3.)

en merci, il em paiera C livres; chevaliers paiera al
moins X sols ou néant; vilains ou bas hom V sols
ou néant. Se uns povres chevaliers est félon entre
ses voisins, et fet volentiers tort, et ne crient point
la merci le duc por sa provreté, il sera mis em bons
fers, chiés aucun borjois, et il i vivra I mois, ou
tant comme l'asise esgardera ; e sera sa terre vandue
ou engagiée ; e li denier de l'éritage qui sera vanduz
ou engagiez seront mis el trésor le duc : e se ce est
I bas hom il face sa pénitence en la vilaine prison
le duc. Se il est chevaliers, la vérité de ses chatex
soit seue par chevaliers jurez, et li dus les oit toz
fors son hernois: ce sont ses armes, son destrier et
som palefroi, et son roncin ; et si filz auront leur
roncins, et il et sa fame et si emfant auront leur
vivre regnablement par els, et ses boviers, et ses char-
rues, et la semence à ses terres semer. Se il est bor-
jois ou autre bas homs, il aura autresi son vivre,
et les despenses à sa charrue se il a charrue, et ses
armes jurées. Totes les autres choses aura li dus
par le seroment as chevaliers

D'Asmone (1).

Il a esté dit devant géralment qe se aucuns prestres
a aucun tenement el non de l'iglise, et uns lais, li
velt tolir par requenoissent, li requenoissanz corra

---

(1) Le manuscrit 10390 — 2, page 171, place ce pas-
sage avant le chapitre de Brief de brief lay et d'osmone
(*Coutumier général*, folio 4, page 419.)

savoir mon lequel li visnéz en a veu em possession,
ou le provoire, ou le lai ? mès il avient sovant que
uns malades done de sa terre à yglise en sa maladie
pardevant le provoire et pardevant II ou III de
de ses voisins, si que li communs del visné ne le set
pas, et muert einssi ; e ses filz velt aler contre le
commandement son père et le don, et demande
requenoissent : se ce est lais fieuz ou almosne ; e
porce que li visnez le met en non savoir, la querelle
ne sera pas terminée en la cort laie, mès en la cort de
sainte yglise ; neporquant nos en avons maintes foiz
oï plet entre l'arcevesque de Roem et Guillaume le
maréchal.

Il avient sovant que aucun lai donent à aucune
yglise terre en almosne pardevant esvesques et par
devant pluseur clerc, et poi de lais ; et dedanz l'an
que cil dons est fez, li laiz veut tolir, ou ses oirs,
cette terre à l'iglise par requenoissent, savoir mon
se ce est lais fiez ou almosne ? il n'aura pas le re-
quenoissent quar li visnez ne set riens del don ; mès
la vérité sera enquise par le léal testemoine de l'é-
vesque, et de ceus qui furent al don : mès se il avient
que li dons soit fez en une yglise par devant les
paroissiens, lors en porra requenoissenz estre fez,
se plez en est meuz entre le lai et le provoire.

Chascuns puet doner de sa terre en almone
jusqu'à la tierce partie de son héritage ; e se li en-
cesseur donerent en aumosne tot le tierz de lor
héritage, li oirs ne porra pas doner en aumosne le
tierz des autres II parz, forz par l'asentement de

ses oirs, et des segneurs del fieu ; qar einssi per-
droient li segneur leur fiez et leur servises de leur
homes, et les yglises tandroient à par un pou toz
les tenemenz.

Li home as évesques, ou as abez, ou à aucune
yglise ne pueent doner nule terre en almosne, se
elle n'est dedanz l'an vandue à aucun qui soit ré-
séanz el fieu.

Ill i a pluseurs tenemenz qui ne pueent estre
doné à yglise en almosne ; qar l'iglise ne puet fere
service de cel tenement, porce que li services est
vilains, ou si griés que il ne loist pas à l'iglise à
fere le ; et porce quant tel terre, ou tel rente est
donée en almone, elle doit estre vandue dedanz
l'an si comme nos avons dit.

Rentes et terres qui sont donées à aucune yglise
en almosne doivent estre porsises pardurablement
par les mains de l'iglise, se elles furent donées
renablement, si comme nos avons dit.

Il ne loise pas à évesque, ne à abé, ne à provoire,
ne à aucun autre qui tiegne almosne, à vendre la,
ne à doner ; quar les choses qui sont propres à
iglise ne pueent estre estrangiées.

L'en doit entendre que les terres et les rentes
que li prélat achatent des biens de l'iglise, sont à
l'iglise, se li contrères ne sont provez apertement ; e
einssi ne pueent elles estre ne vandues ne donées.

D'Assant (1).

Il avient aucune foiz que li home ou les fames qui sont navré se plaignent que il ont esté navré en la porpresture de leur mesons, où à la charrue, ou el chemin le roi, et li sires en qui terre ce est, en demande sa cort; il ne l'aura pas, se l'en ne voit ou la mellée fu fete par le dit as hommes que l'en dit qui furent à la mellée; par aventure la mellée fu en une novele sente, sente n'est pas chemins; ou elle fu delez la porpresture de sa meson, ou as chans, et nom pas à la charrue. Se la mellée fu fete de nuiz, il ni doit avoir point de veue des lieus, se li home qui furent à la mellée ni sont nommés par l'assentement à l'une partie et à l'autre; et se la mellée fu ou de jorz ou de nuiz, et il ni ot nul home, nule veue n'en doit estre fete, einz en enquière l'en par celui qui se plaint.

De la Cort as segneurs (2).

Chascuns sires oit ses plez et son larron, et sa segnorie en sa terre esceptez les plez qui apartienent au duc de qoi nos deimes devant; de

---

(1) Le manuscrit 10390—2, page 121, place ce passage avant le titre de Suite d'Assaut. (*Coutumier général*, volume 4, page 31.)

(2) Le même manuscrit, page 103, place ces passages avant le chapitre de Court. (*Coutumier général*, page 23, tome 4.)

que il avint que Bertrans de Verdun prist par achoison de larrecin Pierre de Foliotée, et le tint à Yvri em prison; et Rogier de S. Andriu, le volt avoir comme son home, et jugier par sa cort; Bertrans ne le volt randre, cinz dit que se Rogiers l'eust avant pris, il en eust la justice; mès porceque il avoit receté en sa terre, et la jostice le duc l'avoit pris, il em feroit la justice; Rogiers noia contre ce que onques à son esciant n'avoit receté laron en sa terre; e por ce que Rogiers ne pot estre convaincuz del recetement, il ot sa cort de cel home.

De Forfez de bois.

Il ne loise pas as segneurs de terre à metre les homes qui ont costume en leur forest, em prison, por aucun forfet de la forest, se il ne sont trové ociant bestes, cinz leur soient lor gage randu par pleges et jorz asis de fere droit : e se plez est meuz de la costume et cil qui est retez dit : je fui pris en ma costume? li lieus doit estre veuz, et si doit l'en enquerre si fu pris en sa costume ou el forfet de la forest. E ce que il aura cospé ne sera remué del leu, devant que jugemenz ait esté fez de la costume ou del forfet de la forest.

De Molins (1).

Il ne loise à nul home à fere novel molin en sa

(1) Le manuscrit 10390 — 2, page 167, place ces passages avant le chapitre de Brief d'establi. (*Coutumier général*, tome 4, page 48.)

terre, ne gort qui moille la terre à ses voisins, ne
qui face mal à ses voisins, ne a nullui, e ce soit
prové et requeneu par le serement de XII léaus
homes.

De ce meisme.

Il fu establi, eltens Guillaume le sénéchal que chas-
cuns chevaliers, ou chascuns sergenz qui a molin, ait
en sa terre seche mote où si home aillent moudre
à son molin, et lonc tens après li sénéchaus oi dire
que li segneur destruioient leur homes par leur
molins ou il avoit trop maux engles, et leur toloient
à force paletées de farine, et fesoient venir à leur
molins les homes qui en estoient à II lieues, ou à
trois, ou à plus, ou il em prenoient sèche moite ;
li sénéchaus se repanti donc qe il avait fet cel es-
tablissement, mès il ne le vost abatre quar li segneur
avoient jà eu longuement celle moite ; mès il com-
menda que se aucuns voloit avoir moite de novel, où
que il alassent à son molin, ne li home ne paiassent
moute, ne il n'alassent au molin ; cinz fust requenu
par le serement à XII léaus homes savoir mon se
il alèrent onques moudre au moulin, ne paièrent
sèche moute.

Des Parans as Malfeteurs (1).

Li bailli le duc souloient prandre les paranz à
aucun quant il avoit fet aucun mesfet ou larrecin,

(1) Le manuscrit 10390 — 2, page 105, place ce pas-
sage avant le chapitre de Harou. (*Coutumier général*, tome
4, page 23.)

ou omccide ou mcllée où il avait sanc, ou autre chose de qoi li plez apartenoit à la cort le duc, jà soit ce que cil que il prenoient n'avoient corpés el mesfez. De ce dit li sénéchaus que nus n'em doit estre mis em painne fors li malfeteurs, ou cil qui est pareniers du mesfet. E ce avint d'Uede Le Manc et de ses filz qui estoient home Rogiers de Saint-Andrieu, envers les foretiers Bertran de Verdun qui n'avoient pas pris I malfeteur, ainz avoient mis em prison plusors de son lignage qui n'avoient rien mesfet, qui furent quite par jugement.

De Response (1).

Plainte fu fete par devant le sénéchal qe li pledceur bestornoient l'ordre de droit, et metoient, en la cort al chevaliers, cels qui n'avoient riens meffeit, en la merci au chevaliers, en tel manière que se aucun fust restez d'aucune chose, et il ne respondist mot à mot à toutes les paroles, et ne s'en offrit au derrenier, il fust en la merci au segneur de la cort; de ce dist li sénéchaus que se aucuns est acusez, et il nie maintenant tot; il respont bien, jà soit ce que il ne respont pas mot à mot à chascune parole : mès se il demande à conseillier soi des choses de qoi il est acusez, et il se part del lieu et se va conssellier, il doit respondre mot à

(1) Le manuscrit 10390—2, page 184, place ce passage avant le chapitre de Deresne. (*Coutumier général*, tome 4, page 54.)

mot et recorder toutes paroles à l'acuseeur, et respondrei, ou il remaindra en l'amande de la cort; e se il dit einssi : ge ni tot par les paroles dont vos me restez, sanz recorder les, et bien en atendra le jugement de la cort si comme nianz; par ce que il dit ce, offre il a desrenier s'en, et respont bien, jà soit ce que il ne parole point del derresnier : cil qui est restez, et respot mot à mot à chascune parole, et offre à desrenier s'en, est bons pledierres, qar ce est commune chose en cort laie, que cil qui einssi respont et nie, se desresne par son screment, se cil qui le recete a tesmong.

De Plez (1).

Li pledeeur fesoient à la gent gagier pluseurs lois, jà soit ce qu'il ne fussent suivi que par un restement; ce n'est pas droiz, quar se aucuns est retez de pluseurs choses par un restement, il se purgera par une loi; mès se il avient que par les paroles peussent pluseurs batailles estre gagiées, pluseurs lois en seront guagiées.

D'Accusement de Sergent.

Il avint el tens Guillaume de Wasquill, que ferranz li ferranz resta 1 des homes Rogier de Saint Andrieu, que il l'avoit trové portant à son col LX

(1) Le manuscrit 10390—2, page 186, place ces passages avant le chapitre De Loi apparaissant *Coutumier général*, page 55.

hestres , à ce respondi Estienne de Seint Lucin, que se tex hom eust voiture ill eüst gastée toute la forest. Quant li sénéchaus oi la chose par Rogier qui s'em plaint à lui, il dit que li sergenz avoit aportée trop fause plainte en la cort le duc, et que il ne devoit pas estre oiz, ne estre plus en la sergenterie le duc, et einssi s'em parti li homs quites. Li sénéchaus fu coreciez, si commenda que li sergent le duc qui doivent léalment mener le peuple, n'acusent pas les genz desléalment, et se aucuns est ataiz de tel desléalté, il soit mis en prison , tant que cil qui est dus le délivre , ce est li rois de France.

D'Amandes levées à tort (1).

Li pledeeur souloient metre en merci les simples homes qui sanz le commandement à la justice s'agenolloient à fere leur seremenz; et quant il ooient que il estoient acusé de ce que il s'estoient agenollié, si se levoient, et li pledeeurs les acusoient de rechief de ce que il s'estoient levé sanz le commandement à la jostice, et emssi les escrivoit li clers en merci. De ce dist Normanz Dogier vile que il avoit tant vescu que il veoit joer en la cort le roi à Bernart le Bec- cant (2), si comme li emfant joent et dient: Or sus

(1) Le manuscrit 10390 — 2, page 118, place ces pas- sages avant le titre de Jureeurs. (*Coutumier général*, tome 4, page 29.)

(2) Ce jeu ne se trouve pas dans le chapitre 22 du livre 1er de Gargantua.

Bernart, et se il ne se levast maintenant, il fust tainz de charbon en la face; autresi taignoit li clers en son parchemin les simples gens en merci : por eschiver tex acheisons, commanda li sénéchaus qe li pledeeur qui si desléalment jugeroient, fussent mis en la prison le roi, tant que il eussent paié tout leur chatel, jusqu'à la derrenière poitevine, et fussent d'ilec en avant tenuz por desléaus entre leur voisins.

Une Jurée.

Une jurée qui fu fete el tens le roi Henri, par Guillaume le fill Jehan, par Guillaume del Pais, par Guillaume Selvain, par Guillaume de Saint Jehan, par Rogier Suart, par Robert de Parci, par Garnier de Surède, par Nicolas de la Rue, par Guillaume de Gamai, par Guillaume de Gameville, par Richart de Roncei, par Giefroi de Noire Eaue, et par pluseurs autres.

De Garde d'enfanz.

Tuit cil se consentirent comment li dus de Normendie doit avoir par droit la garde des filz à ses homes qui tienent de lui par droiture d'éritage, sergenteries ou aluez, ou fieuz; et si doit avoir le don des filles à ses homes se il n'i a oir mâle; et tuit li tenement qui apartienent al filles par héritage de qui fieu que il soient, doivent sivre la donoison le duc.

De Wereq (1).

Il distrent del wereq que se nef est dépecéie si que nus n'en eschape qui sa dire qui les choses estoient qui sont venues à wereq, li dus en doit avoir l'or et l'argent, et lui mirre, et le rohal, et le vair, et le gris, et les piaus sebelines, et les dras de soie, le trossel lie, les destriers, et les frans chiens, les frans oisiaus, et les ostoirs et les faucons. Se aucuns prant aucune chose del wereq, et il ne le dit à la justice ainz que il li soit demandez, li plez en apartient au duc. Toutes les autres choses apartienent as barons en qui terre li wereq arrive.

De Craspois.

Il distrent du craspois que se il est navrez en aucun port et il sem fuit ou que il viegne après l flo et une retrete, se il vaut plus de L livres, il est le duc, et se il vaut moins il est au baron en qui terre il arrive. L'am doit savoir que de toz les barons de Normandie il ni a fors l'évesque de Baieux et le conte de Cestre qui aent engins à prandre crapois, mès cil le sont au port l'évesque, et par la ville le conte.

(1) Le manuscrit 10390—2, *ibid*, page 65, place ces passages avant le chapitre de Varech. (*Coutumier général*, tome 4, page 9.)

De Trésor (1).

Il distrent que li trésors trovez est au duc, et li plez en est süens.

Des Plez de l'Espée.

Il distrent que cist plet apartienent à l'espée le duc : homecides comment que il soit fez ou en aport ou en repost que l'en apele murtre, li plez et la justice et la forfeture en apartienent au duc, ou à cels à qui il et si encesseur le donèrent ; e autresi de membres tranchiez ou brisiez ; autresi des choses tolues par force, que l'en apelle communement roberie, et dégast fet par force, et de fame prise par force et d'arson, ce est de mésons arses et de blés ars, et assaut qui est fez à aucun dedans les quatre parties de sa méson, et assaut de la charrue, et d'assaut du chemin le roi par que l'en va de cité à cité ou à chastel réal, et d'asaut en la voie d'aler en la cort le roi, de brisier trive qui a été donée par la justice le roi ; et toute la justice de l'ost ou de la monnoie apartient au duc tant seulement.

D'Omicides (2).

Li rois Henris d'Engleterre mande saluz as arcevesques et as évesques, as abez et as contes, et a

(1) Le manuscrit 10390—2, *ibid.* p. 66, place ce passage avant le titre de Trésor trouvé. (*Coutumier général*, page 9, tome 4.)

(2) Le même manuscrit, *ibid.*, page 122, place ces

toz les féels Jhésu-Crist, et as fılz de sainte iglise qui sont en Normendie. Sachiez que il fu establi et confermé pardevant l'arcevesque Huc de Roem, et l'évesque Jehan De Lisius, et l'évesque A. d'Evreues, et l'évesque Jehan de Ses, et pardevant mes autres barons en commun chapitre, et par commun assentement, des ocieurs qui en trives et en là pès de sainte yglise ocient homes et brisent trives, que se aucuns veult apeler cel homicide par bataille, la bataille sera gagiée et tenue en ma cort; e se il en est convaincuz, li évesqués en qui éveschié, ce sera fet, en aura s'amande, ce seront IX livres du chatel al vaincu, par la main de ma justice; e se il i remaint point de son chatel, li remenanz sera miens, et se ses chatex ne soufist à paier à l'évesque jusqu'à IX livres, li évesques ait tot ce qui i est, si que riens n'en sera pris à mon hoeis devant que li évesqués ait eu toute s'amande se li chatex soffist.

Se il n'i a qui veille prover l'omecide, il se purgera par le jugement de sainte iglise, et se il en est ileé convaincuz, il soit de l'amande l'évesque, et de ma merci, si comme il a esté dit devant.

Se homecides ou aucuns qui oit brisié la trive ne velt venir à droit, et il s'en ist de la terre, il sera autresi de l'amande; e se il fet pès o moi, l'amande l'évesque ne sera pas en la pès que ge ferai, einz la rendra à l'évesque, ou il fera pès o lui: ce fu fét à

Roem M et C et XXXV anz après l'incarnation; à ce fere furent présant li évesques Nicolas Dely, R. Desigi et pluseur autre (1).

De la Franchise as Clers (2).

Ce sont les choses que li rois Richarz d'Angleterre commanda à la Roche Doreval que fussent amandées; si estoient présant li arcevesques de Roem, et li évesques de Normendie; la première chose fu des provoires et des clers que l'em pandoit, si commanda que l'en ne le feist plus, et se tiex sacrileges estoit fez, il fust espenciz si comme il devroit.

Des clers pris et mis em prison que il soient randu à l'évesque dès que il les requerra.

De cels qui fuient à garant à l'yglise, ou à l'aistre de l'Iglise, que il aient l'encian jugement : ce est que il forjurent la terre dedanz le terme qui est establiz de VIII jorz, et lors s'en aillant seurement, ou il se randent al jugement de la cort le roi.

Que requenoissenz ne soit fez en cort de possessions à yglises que elles aient tenues par XXX ans.

Que taille ne soit fete sus yglises, ne sus leur possessions; mès se persone ou vicaires d'iglise a fieu lai, si en respongne selonc la quantité del fieu se il l'aimme.

(1) An 1190. (Dom Bessin, page 99, Cons. nor.)

(2) Le manuscrit 10390—2, page 126, ibid, place le passage suivant avant le titre de Clers et de Personnes de sainte iglise. (Coutumier général, tome 4, p. 53.)

De Briés et de Requenoissanz (1).

L'en doit avant trétier de la possession qe de la propriété et mesmement des causes qui sont entre lieus religieus et lais, des patronages des iglises qui sont terminées par l'establissement au roi Felippe de France.

De Dessèsine.

Se aucuns est despoilliez de son tenement puis le derrenier aost, ou puis celui devant le derrenier, il doit demander sa sèsine par cest brief : « Li rois ou li sénéchaus mande saluz au bailliz de tel leu;

« Commande à II. que il resèsisse sanz nul délai R. de son tenement qui siet en tel leu de que il fu sésiz au derrenier aost, ou à celui qui fu devant le derrenier, de qoi il la puis dessessi à tort et sanz jugement; et se il ne le fet, se li autres te done plege de sivre sa clameur, semon XII chevaliers léaus, et les hommes del visné que il soient a la première assise de ta baillie aparellié à fere requenoissant par leur serement, et fai dedans ce veoir la terre, et semon II. que il soit à la veue et à l'assise et aies o toi les jureeurs et le semonneeur et cest brief. »

Em cest requenoissant ne puet avoir que une essoine et une défaute, e, se cil qui est accusez se defaut plus, il sofferra la paine as defallanz, et li

<hr />

(1) Le manuscrit 10390—2, page 134, *ibid.*, place ces passages avant le titre de Nouvelle Dessaisine. (*Coutumier général*, tome 4, page 57.)

requenoissanz sera sez autresi comme se il fust pré-
sanz, et porra bien gueangnier par le requenoissant,
ne porquant il sera en merci por la défaute, il ne
puet en cest plet nommer plet (1) ne garant, se il n'a
voché le roi à garant, ou sa justice qui li salve cel
jor. Se li demanderres se défaut et li autres vient,
la cause sera en crole, et li demanderres sera en
merci por sa défaute ; ne porquant il porra com-
mencer le plet dedanz l'an qui fu dessèsiz : dedanz
aage, il ne sera pas escusez por l'aage : cist reque-
noissant n'ont essoines ne défaute fors si comme
nos deismes el premier chapitre.

De Brief de Déforcement (2).

Se l'en desforce à aucun l'éritage à son encessor,
il se porra plaindre dedanz l'an de l'esforcement ; e,
se il est dedanz aage, il s'en porra plaindre quant il
onques voudra, jusq'à tant que il ait acompli XXI
an, et avoir cest brief.

Li brief est tiex por celi qui est en aage :

Commande à H. que il lest à R. avoir tel sèsine
comme ses pères ou ses encesseurs ot en celle terre
au jor que il morut, ou puis de derrenier aost de-
vant ce que il morut, et se il ne le fet.... autresi
comme el brief devant.

Por celui qui est dedanz aage sera li briés tiex :

(1) *Dominum.* (*Mss.* 10390—2.)
(2) Le même manuscrit, page 142, place ces passages
avant le titre de Brief de mort de Ancessour. (*Coutumier
général,* tome 4, page 40.)

Commande à H. que il lest R. qui est dedanz aage
avoir tel sèsine comme ses encesseurs ou ses pères,
ou en celle terre au jor que il morut, ou en l'an que
il morut; e se il ne le fet... autresi comme devant.
Cist meismes requenoissanz cort contre celui qui
est dedans aage, se il entre en la possession à
aucun.

De Bastardie.

Il avient aucune fois en cest cas que cil qui tient
niée que li demanderres n'est mie del lignage à celui
à qui il se fet oir, e ce est esclerié par le serement
as voisins; e aucune fois, dit-il, que bien pueit
estre qu'il est del lignage à celui qui morz est, mès
il est bastarz, et lors, se la cause de la batardie est
proposée en la cort le roi qui ait recort, elle doit
estre envoiée à l'évesque del lieu o tiex lettes :

Li rois et li sénéchans mande saluz à l'évesque de
tel leu; come cause fust en la cort le roi entre H.
qui demandoit la possession son encesseur, et R.
qui la tenoit; R. dist que H. estoit bastart, et nom
pas oirs, e porce que la cause de la batardie n'apar-
tient pas à la cort séculer, mes à celle de sainte
yglise, ge vos mant que vos ooiz la cause et me fa-
ciez savoir ce qui en sera jugié en la cort de sainte
yglise. Et lors jugera l'en en la cort le roi de cele
terre qui est demandée selonc le mandement
l'évesque et selonc la costume de la terre.

En ceste cause, selonc la costume de Normendie,
puet l'en apeler de l'évesque à l'archevesque tant

seulement; qar se il remaint par le barat à celui
qui tient que celle cause ne soit terminée dedanz
l'an et un jor, il perdra la possession, salve la cause
de la propriété; et se cil qui demande lesse par
barat à porsuire la cause, et ce n'est pas ès corpes
al juge, il ne sera oiz après l'an et le jor, fors de la
propriété.

Ce est générals chose que ès trois requenoissanz
qui sont fet par les briés qui sont escrit devant, la
gregneur partie des jureeurs vaint la meneur, ne nus
ne se puet desfandre qui requenoissanz ne soit fez,
se l'en ne dit contre celui qui le demande, que la
chose fu afermée au tenant, ou ajugiée par juge-
ment de cort qui eust recort, par les briés qui sont
escriz devant, en qoi il est contenu que aucuns a
esté despoilliez sanz jugement.

De Présentement d'Iglise (1).

Se aucuns présente à yglise qui soit vacant, se li
évesques doute de la droiture del patronage, il ne
doit pas maintenant recevoir celui qui li est présanz,
mès o conseill; e se aucun va encoutre qui dit que
ill i présenta la derreniere persoune, il doit envoier
les parties à l'ostel le roi, si que la cause i soit
terminée; ne li évesques ne doit donner à nul le
bénéfice tant comme li plez dure devant après VI
mois.

(1) Le manuscrit 10390—2, page 154, place ces passages
avant le titre de Patronage d'église. (Coutumier général,
tome 4, page 44.)

Li plez sera terminez en la cort le roi par tel brief:

Se H. donne plege de porsivre sa clameor, semon XII léaus chevaliers et les homes del visné de cele ville, que il soieait à la prémiere assise aparaillié à requenoistre par leur serement, qui présenta la derreniere perssone à cele yglise, de que R. li déforce le présentement à tort si comme il dit; e dedanz ce fai veoir l'yglise, et semon R. que il soit à la veue et à l'assise, et i aies o toi le semoneeur et cest brief.

Selonc le serement as jureeurs remaindra la possession à celui por qui il jurront, salve la cause de la propriété qui sera menée en la cort le roi autresi comme plez de terre, e par aventure ele soit terminée par bataille.

Se li jureeur dient par lor serement que il ne sevent li quiex a été em possession de présenteri; li évesqes del lieu remaindra lors em possession de doner la, jusqu'à tant que la propriété del présentement soit autrement terminée en la cort le roi.

Se li évesques done cele yglise à aucun clerc, si comme il a esté dit, cil clerc tandra le bénéfice en pès; e quant il sera esclérié par le jugement de la cort le roi, que li présentement en apartient à aucun, lors li jurra li clers feelté, e cil présentera d'ilee en avant à l'iglise.

En cest requenoissant, si comme aucun dit, a III essoines de voie de cort et de langor; li autre dient que il ni a essoines ne exceptions, fors autresi comme el premier chapitre de dessèsine, quar la cause n'est pas terminée par cest requenoissant, ainz remaint toz jorz la cause de la propriété.

De ce meisme.

Entre les lieus (*religieus*) et les lais fel l'en la constitution au roi Phelippe de France (1).

Felippes rois de France par la grace de Dieu mande saluz à toz ses bailliz de Normendie à qui ces présentes letres vaudront; sachiez que nostre amé et notre féel li arcevesque Guillaume de Roem, et li évesque desoz lui nos ont requis que des yglises wacant em que il a contenz del présentement, requenoissanz soit fez par quatre provoires et par quatre chevaliers; en tel manière que li arcevesques ou li évesques en qui éveschié li contenz sera del présentement de l'iglise, et nostre bailliz de cel dyocesse, esliront par buene foi les prestres et les chevaliers les plus léaus que il porront trover, et li quatre provoire et li quatre chevalier jurront seur sainz, et lors leur enjoindra li arcevesques ou li évesque que il dient à qui li patronages doit aparte-nir par droit. Li arcevesques ou li évesques et nostre bailliz examineront diligentment chascun des prestres et des chevaliers qui auront juré por le requenoissant lun après l'autre, e cil à qui la greigneur partie s'acordera aura la droiture del

(1) Voyez le 1er vol. des Ordonnances du Louvre, pages 26 et suivantes.

patronage : et se cil VIII ne puéent savoir auquel la donoison de l'iglise, et la droiture del patronage doit estre, il diront qui fist le derrenier présentement de celle iglise, et cil aura la sèsine; e se aucuns clers em prenoit avenir contre ce, li arcevesque et li évesque li seroient en nuisence de celle querelle; il se consentirent tuit ensemble par boene foi que il termineront la besoigne sanz délai; et se aucuns contenz en nèsoit il seroit raportez à nos, et nos em ferions ce qu'il nos seroit avis que biens seroit. Nule iglise où il oit contenz ne porra dedanz ce estre donnée par l'arcevesque devant que il ait esté jugié, si comme nos avons dit, se elle n'a esté vacant par V.I mois; mès lors la porra il doner, salve la droiture del patronage à celui qui la guaengnera. Li arcevesque et li évesque ne se porroit pas essoinier seur ce, se il n'avoit essoine de son cors; e se il avoit essoine de son cors, ill i envoieroit lors le plus léal home que il porrait trover, par buene foi à ce fere. Nos avons ce ostroié à la requeste à l'arcevesque et as évesques de Normandie, et einssi comme il est ci contenu, volons nos que il soit gardé fermement, et porce nos vos mandons et commandons que vos gardoiz ces choses et les faciez garder. Ce fu fet à Gisors en l'an de grace M CC et VII el mois d'oitovre

De Ceus qui sont dedinz aage (1).

Nus qui soit dedanz aage, ce est qui n'ait acom-

(1) Le manuscrit 10390—2, *ibid*, page 97, place ces pas-

pli XXI an, ne puet estrangier point del tenement
que ses pères ou ses encesseurs tindrent en héré-
tage, se il en est entrez en possession ; ne il n'en
puet estre trez em plet fors par le brief qui devant
a esté escrit : de ceus qui sont dedanz aage ; et si
convient que il oit tor jorz defandeor, ne il ne puet
plédier de la propriété, mès tant seulement de la
possession son encesseur que il ot l'an et le jor que
il morut ; ès emsi puet l'en plédier contre lui. E se
cil qui a un orfelin en garde fet pès ou dit aucune
chose qui soit contre lui, tout sera rapelé malgré
suen, et tor jorz cil qui la en garde sera en la mer-
ci le duc, et nom par li orfelins. Ne porquant cil
qui est dedanz aage puet plédier contre toz et tuit
contre lui del derrenier présentement d'église, quar
illec plede l'en par le brief qui est escriz devant, et par
brief de fieu et de ferme et de fieu et de gage, quar cil
qui einssi tiehent ne sont pas porseeur mès deceveeur
(detentores) d'autrui chose ; et tor jorz demande
l'en comment li encesseur à celui qui est dedanz aage,
porsseoit l'an et le jor que il morut. Ce cil qui est de-
danz aage a achaté ou il a aquis tenement par don
ou par autre manière, il est tenuz à respondre en ainz
que il soit en aage, et à nomer son garant qui est tenuz
à desfendre le ; e se il nie que il n'en soit garanz, ce
sera enquis par les léaus homes.

L'en doit savoir que se cil qui est dedanz aage ne

sages avant le chapitre de Non aage. (*Coutumier général,*
tome 4, page 21.)

mueit plet, ainz que il ait passé XXI anz, de la possession à son encesseur, ou des marchiez qui ont esté fez par lui, ou par ceus qui l'ont eu en garde, il n'en doist puis estre oiz fors de la propriété.

De Doères (1) (V. ci-dessus, p. 6).

Il ne remaint pas por non d'aage que cil qui est dedanz aage ne soit tenuz à fere doère à sa mère, ou à la fame à chascun de ses encesseurs, de qui il a l'éritage; ou à desfandre soi par les exceptions qui sont escrites el chapitre des doères; e se ses pères ou ses encesseurs vendi, ou il estranja en autre manière son tenement, li oirs est tenuz à eschangier à ceuls qui le tienent; et la fame sera doée, et tandra son doère tant comm elle vivra, et après sa mort cil qui l'avoit achatée la raura, et li oirs aura ce que il avoit donné en eschange.

Quant li mariz est morz, la fame demande aucune foiz son doère de l'éritage son mari, et aucune fois d'estrangé; ne elle ne puet demander fors la tierce part del tenement de que ses mariz estoit sésiz quant il la prist à fame en la face de sainte yglise; ne porquant se il n'en estoit pas sésiz, mès ses pères vivoit qui tenoit l'éritage, se il fu présanz quant ses fils prist celle fame, et il s'asenti au mariage et le porchaça, la fame doit avoir en doère le tierz de la partie qui pooit escheoir à son mari

(1) Le manuscrit 10390 — 2, *ibid.*, page 148, place ces passages avant le titre de Brief de Douaire à femme. (*Coutumier général*, tome 4, page 42.)

de la mort à son encesseur. Se elle fu doée de certaine chose qui ne passe pas la tierce part de l'éritage son mari, elle s'en doit tenir apaiée; se la fame à l'encesseur son mari, de qui li héritages li vint, fu doée de cel meisme héritage, ele aura le tierz de tout l'éritage tant comme elle vivra, et la fame à loir aura le tierz des II parz de l'éritage; e quant celle qui avoit doère de tout sera morte, l'autre aura le tierz de ce que la morte avoit en doère.

Se fame demande doère à un estrangé, cil estrangés n'est pas tenuz à respondre à li, se li oirs n'est présenz, et si puet nommer l'oir à garant par la reson de son encesseur qui li vendi la chose, ou chanja, ou engaja; et li oir sont tenu à garantir le, ou à desfandre le contre celui qui porsiet; e tant que li plez durt, cil qui tient ne sera pas despoilliez, mès li oirs parfera à la fame son doère, se il a de qoi, e se il n'a de qoi elle aura son doère en la terre que elle demande, se ses mariz en estoit sésiz quant il l'esposa; se cil qui tient preuve sa défanse, la fame aura le tierz de ce tenement, et li oirs li fera eschange maintenant; et quant la fame sera morte cil tenemenz revandra à celi qui le tenoit, et li oirs aura son eschange.

Fame ne doit pas estre doée el chevel manoir, se ses mariz à tenemenz as chans qui vaille le tiers de son héritage; se il n'a tenement as chans, elle puet estre doée el menoir en la tierce partie tant seulement. Se il a divers menoirs, il li doit doner son doère en I si que il ne soit pas contez en la tierce partie (1), e se il sont d'une value, il li doit assigner en un tant seulement que il vaille la tierce part des II.

Li homs ne puet riens fere del tenement de que il estoit em possession quant il prist sa fame, que elle n'en ait son doère emprès sa mort; e après la mort à la fame, li achateeur ou li autre qui l'avoient par quelque marchié que ce fust, le rauront et nom pas li oirs.

Toutes les doutes qui nessent de doère sont terminées en jugement par enquestes, ou par demandes que li juges fet.

En cause de doère ne puet avoir que une essoine, ne (2) langor, ne défautes, né autres délaiemenz, si comme il a ès plez qui sont meu por la propriété, quar la fame ni aquiert riens fors à sa vie, ne elle ne puet pas damagier son doère en grevence de l'oir; et si ne puet pas demander doère ès choses que ses mariz aquiert après le mariage; e se li oirs dit contre la fame qui demande doère, que elle est em possession del doère, ill i doit avoir veue.

Se fame est doée de mueble, elle doit avoir son doère del mueble emprès la mort son mari; se li muebles soffit, et il doit estre contez entre les autres detes, sanz conter li la part à la fame; et se li muebles ne soffit l'en doit recorre à l'éritage et à l'oir,

(1) *Ita quod computetur in tercia parte.* (*Mss. cod.*)
(2) *Vel.* (*Mss. eodem.*)

tant que la fame oit la valeur de la tierce partie;
li plez del mueble qui est donez en doère, apar-
tienent à la cort de sainte iglise, et cil de terre al
roi tant seulement.

Se li mariz pert son héritage par (sinè) barat, ou
por son mesfet, si comme se il est dampnez à mort, ou
il forsjure la terre, la fame pert son doère, mès elle
ne pert pas le tenement que elle a par devers lui.

De Mariage.

Quant aucune chose est donée à home de par sa
fame que l'en apelle communement mariage, se
plez en nest, la cort de sainte yglise juge del mue-
ble, et la cort le roi de la terre. Se aucuns done terre
en mariage à sa fille, ou à sa suer, ou à sa cosine,
il ne puet pas aler contre som fet; mès après
sa mort si oir rapeleront quanque il dona
plus que le tiers de son héritage, de qoi la
fille ou la suer doit estre mariée, e ce doit
estre entandu se il n'a que une fille, ou que une
suer, se il en i a plus, il ne remaindra à celle mariée,
ne à ses oirs, fors la partie de la terre qui li afiert,
qar toutes les suers ne pucent avoir que la tierce
part de l'éritage à partir entr'eus.

Quant la suer viendra à age de marier, se ses freres,
ou ses cousins o qui elle part à l'éritage, ne la veut
porveoir avenantment de mariage, et elle se plaint
de lui, et elle fet semondre en la cort le roi, il
aura terme I an et un jor à porveoir la dedanz ce
de mariage selonc sa condiction, et selonc son te-

nement, et à maintenir la dedanz ce selonc son
pooir; e se il ne le fet, dès lors doit la justice le
roi acomplir sa défaute et assigner à la suer, se
elle est seule, la tierce partie de l'éritage, ou sa
part del tiers se ill i a plus que lui, et lors se puet
elle marier à qui que elle voudra; et tant comm
elle sera sanz mari, elle puet faire de sa terre autresi
comme li oir malle; e se elle se marie, nus marchiez
qui soit fez de la terre à la fame, tant comme li
mariages dure, ne vaut; ainz sera toz rapelez après
la mort au mari; et ses oirs est tenuz à eschan-
gier, se il a de qoi; et por ce li mariz n'est pas
tenuz à respondre de la terre sa fame, ne ce ne
grieve de riens la fame que l'en em plède contre
li; ne elle n'en doit pas respondre en derrière
son mari, et ce qui est fet autrement doit estre
rapelé.

Ceste cause a essoines, et il puet l'en nommer
garant, si comme il fu dit devant el titre des
délaiemenz.

Fame ne pert pas son héritage por le mesfet son
mari, et se il forsjure la terre, ou il est fors baniz,
la fame ne sera pas tant comm il vive em possession
de son héritage, ne n'en aura les fruiz, ainz les
aura li rois; es quant ses mariz sera morz, elle
raura son héritage, se elle ne fu dampnée autresi
comme il.

Quant fame est weve se elle est emplèdiée de son
héritage, elle aura terme de respondre jusqu'à l an
et un jor, se elle n'a garant qui la puisse desfendre,

et elle veult délaier le plet; et ce a lieu en la fame qui onques ne fu mariée.

De Défautes (1).

Quant ascuns se plaint d'un autre qui détient son héritage, et l'en a pris pleges de lui de porsivre sa clameur, cil qui tient est semons par le sergent que il viegne à respondre à certain jor, qui contiegne as moins XV jorz; autrement aura-il I autre terme qui contiegne itant de tens. Se cil qui est semons à cel jor ni vient, se li sergenz garantist la semonse, il sera justisiez par le mueble, se il l'a, e se il n'en a, il sera justisiez par la chose demandée en non de mueble, et uns autres jors sera mis aus plaintis; et se li tenanz ni vient, là justice sera agrégiée par ses avoirs, ou par la chose demandée en leu d'avoirs, si assignera l'en I autre jor as plaintis, et si li tenanz ni vient, li tenemenz sera pris en la main le roi, à l'oie de parroisse, et des voisins chevaliers, et vavasseurs qui en puissent fere recert; ne il ne li est pas puis randuz fors par jugement. E se il est négligenz à autres II jorz qui li sont assigné avenantment de requerre sa chose, ne il ne replévist ses avoirs, se il est présanz el païs, e ce a esté fet en cort qui oit recort, il sera en péril de perdre la possession de la chose demandée, salve la cause de la propriété; se ce fu fet en cort qui n'ait recort,

---

(1) Le manuscrit 10390—2, place ces passages avant le chapitre de Délai. (*Coutumier général*, tome 4, page 19.)

cil qui est cinssi défailliz em purgera ses défautes
par son serement, ou par celui à V homes, ou il
l'espencira par le chatel, sanz péril de perdre l'éri-
tage, et revandra au plet, se il donne bone
scurté.

Des Responsses.

Se les parties vienent à cort, li plaintis doit
mostrer sa plainte, et li tenanz metre ses rèsons;
et lors doit assise la veue del tenement (*et assi-
gnanda est inspectio tenementi, eod. mss.*), ncis se cil
qui tient ne la demandoit pas, quar sentence ne
vaut riens se elle n'est donée sus chose certaine.

D'Essoines.

Et por ce par (*antè*) la veue se puet li tenanz esso-
nier, sanz péril de l'éritage, quar il se déliverra tor
jorz par painne de chatel.

Les essoines sont fetes en cesto manière: il s'essoine
premierement de maladie qui li est prise en la voie de
la cort; ou de mal resséant; se il s'essonnie de voie
de cort, il le puet fere par une home qu'il die où
il gist, et qui di que il venoit o lui; e de celui doit
l'em prandre bons pleges d'avoir son segneur à jor;
se li assignera l'em jor avenant, quar il se porra
essonier autrefois (1); se il s'essonie de mal réséant,
il le doit fere par II homes, et si convient que il
s'offrent le jor devant al sergent de la cort; e au
jor cil dui essonieur seront oi o celui qui essonia la

(1) *Quia non potest se exoniare iterum. (Eodem mss.)*

voic de cort, si leur metra l'en jor avenant à avoir
lor segneur; e à cel jor se porra-il encor essonier
de cele meisme maladie, et fere le savoir le jor
devant al sergent de la cort; et cil qui l'essonieront
amenront o els les premiers essoniéeurs; et à cel
jor commandera l'en que li malades soit veuz par
IIII chevaliers as mains, et par vavassors qui
aient recort; et se il truevent le malade, il li assi-
gneront terme jusqu'à un an et un jor que il jurt,
langor (1). La forme del serement est telle : il jurra
que il est si malades que il ne puet venir à cort,
et que il ne vestira braies en sa meson ne instra (*nec
exibit*) de son menoir devant que il viengne à la cort
por offrir soi comme sains; e se l'en treuve que il em
face autre chose, il sera en péril de perdre la terre
qui li est demandée, se elle a esté veue ou prise en
la main le roi par cort qui oit recort, si comme il
fu dit devant; quar nule défaute, ne nule essoine
ne vaut devant la veue de la terre, fors par cort
qui ait recort; mès défaute qui est fete en cort qui
porte recort tost possession; essoine qui ne puet
estre salvée, ou par que li essoinez ne pueit estre
salvez, vaut autretant comme défaute.

Se li chevalier le voient sain, ou il doutent de sa
maladie, il li assigneront jor à quinzainne as mains,
et à ce jor est-il tenuz de venir i, ou a fere si apor-
ter, por avoir le jugement de la cort; et lors soit
pris de lui li seremenz de langor, en la devant dite

(1) *Ita quod juret langorem.* (*Eodem mss.*)

forme, ou se il ne le veut fere il respongne main-
tenant.

Quant li anz et li jorz est passez, il est tenuz à
venir à cort, et à respondre ou par soi, ou par
procurateur que il atort en cort, et cil atornez
ne puet fere essoine ne défaute se ses sires en a
tant fet que il n'en puet plus fere. Ne en une cause
ne puet l'en fere que une langor. Cil qui se sera
essoniez, aura esté veuz ainz que il oit fet toutes ses
essoines (1), il ne se porra puis essonier.

Se aucuns a commencié ses essoines par mal res-
séant, jà soit ce que il se soit essoniez trois fois après
ce que il aura esté veuz par chevaliers, il se porra
encore essonier une foiz de voie de cort sans
plus.

Quiconques sera essoniez et aura salvé ses essoi-
nes par la loi qui est escrite devant, ou il aura
amandé à la cort, il ne porra pas recommencier ses
essoines, se il ne jure langor : mès quant la bataille
est gagiée, les essoines porront estre recommenciées
sanz langor.

De la cort as segneurs.

Quant la terre qui est demandée a esté veue, la
cort doit estre randue au segneur del fieu, se il la
requiert, et si li doit l'en commander, que ill i
maint la querelle par droit, et se il ne le fet, chas-
cune des parties puet forjurer sa court, et dire en sa

(1) *Et pendentibus aliis exoniationibus visus fuerit. (Eodem
mss.)*

cort la cause del tort fet ou de la défaute et avoir en tesmoing; et en ceste cort puéent estre fetes essoines et défautes.

Li seigneur puéent avoir leur cort de leur homes qui sont acusé de larrecin, jusqu'al forsjurer la tere.

De la cort le roi.

De ceus qui sont diffamé ou fuitis apartient la cort au roi, et de ceus qui sont pris à larrecin.

Et quant la défaute ou li torz fez de la cort al segneur est provez, la cause revient à la cort le roi o les essoines et o les défautes, (1) se il i a eu langueur.

De Garant.

Après la veue puet li tenanz nommer son garant, e se il ne velt venir au jor qui est assignez, il sera justisiez tant que ill i viengne, et le garantisse ou il li faille; einz que il le garantisse, la chose sera veue, se il la doit garantir; e après la veue, se il la doit garantir, il est tenuz à délivrer li; e se il s'en défaut, cil qui la trest à garant pert la possession, et l'en doit enquerre sanz délai, se il li a failli à droit ou à tort? Se il li a failli à tort, il est tenuz à randre li son damage. Autresi est-il del secont garant, et du tierz, mès se li tierz nome le quart, il convient que il le desfande maintenant que li tenemenz sera veuz; qar outre le quart ne puet l'en nomer garant. Ce a lieu neis eu la chose emblée, qui en jugement doist estre mostrée à ces qui sont nommé à garant.

(1) *Sine langore.* (*Eodem mss.*)

De partie d'éritage entre frères (1).

Li tenemenz à l'encesseur doit estre départiz égalment entre ses oirs, se il n'est fet autrement par commun assens; e se aucuns des oirs est en aage, et li autre ni sont pas, la partie sera tenable quant à cels qui sont en aage, mes cil qui estoient dedanz aage la porront rapeler quant il vandront en aage; se il atandent I an ou plus, puisque il seront en aage, il ne le porront puis rapeler. Cil rapellemenz pueit estre fez malgré à celui qui a le plus joene en garde; et se les parties à aucun sont amandées ou par herbergemenz (*édificia, eod. mss.*) ou par plentés, les parties doivent estre rapelées avenantment qe il ni soient damagié.

Li ainz nez aura tor jorz le chois, se il veut, e se il ne velt choisir, la justice choisira por lui et dorra as autres leur parties. Se il a en l'éritage baronie, ou fié de hauberc, ou sergenterie, ou autre terre qui ne soit pas partable, et ill i a escheoites, il sera en la volenté à l'ainzné, d'avoir la terre qui n'est pas partable, ou les escheoites, et li autre auront ce qu'il ne choisira pas; se ill i a II fieux de hauberc, et escheoites (2) et li secont autresi, et li seur

(1) Le manuscrit 10390—2, page 99, place ces passages avant le chapitre de Excusation par Noef. (*Coutumier général*, tome 4, page 21.)

(2) *Et plures fratres vel coheredes, primus eliget sibi unum de feodis vel escaetas, et secundus postea similer et aliis residuum permanebit.* (Manuscrit R. D. 251. Manuscrit 10390—2, p. 99.)

plus remaindra; e se il ni a que un sol fieu, li
ainz nez l'aura, et fera as autres livroisons, tant
comme il vivra, selonc la quantité del tenement; et se
aucuns des oirs se plaint de son ainz né, ou de celui
qui tient l'éritage, et il en demande partie, cil qui
tient doit estre semons à cort; e quant il est en cort
li juges li demande se il est frères ou cousins à celui
qui se plaint de lui; et se cil nie que cil n'est pas
de son linage, enqueste en est lors fete par les
léaus homes del visné; et se li seremenz dit que il
soit del lignage, et que il est des oirs à celui qui li
héritage fu, il aura sa partie sanz nul empeesche-
ment, e sanz nule veue fere; il aura par le sere-
ment des voisins la possession son encesseur; mès
l'en enquerra se il (1) est profitables, se il a doute
seur ce.

Cil qui tient dit aucune foiz contre celui qui de-
mande, que à tort li demande, quar il a eu por sa
partie terre que il li mosterra bien; et seur ce
convient-il que il oit tesmoing en cort qui offre
à prover le; e se li autres le nie, l'en assignera la
veue de la terre par que cil qui tient se velt desfau-
dre; et à celle veue doivent estre li voisin, quar il
jurront après se cil est ou a esté em possession de
la terre qui a esté monstrée; e se li seremenz dit
por celui qui tient, il sera delivrez, se il est contre
lui, il sera maintenant condampnez.

_____

(1) *Utrum illa sit profitabilis.* (**Eodem mss.**)

De Bataille.

Se li jureeur en doutent, la cause sera terminée par bataille et lors aura li sires del tenement sa cort jusqu'à la défaute si comme il est contenu el chapistre des délaiemenz; et se li tenemenz est tenus de pluseurs segneurs, nus d'eus n'aura la cort, ainz sera la cause terminée en la cort le roi; et quant vendra au prover par bataille, cele cause aura toz les respiz qui sont escriz el titre des délaiemenz en essoines, et en défantes, et en langor; mès l'en n'i puet pas nomer garanz.

De Relief et de Garde.

Les baronies sont relevées envers le roi par C livres. Fiez de chevalier est relevez chascun par XV livres, de qui que il soit tenuz ou del roi em chief, ou d'autre.

Li oir as chevaliers et as sergenz, et leur tenement et leur fieu sont en la garde à leur segneurs, tant comme il sont dedanz aage, se il ne tiennent del roi en chief. Li autre fieu sont relevez par divers leus en diversses manières.

De Propriété d'éritage.

L'en plede em pluseurs manières de propriété d'éritage. Quant l'en em plede, et jorz est assignez et li aversaires est présenz, l'en propose einssi par le plaintif: A. se plaint de B. qui a tort li desforce sa terre que il tient à Baicues, de que ses pères, ou ses aieul ou ses encesseurs fu sésiz en tenz de pès, puis le coronement le roi Richart, comme de son héritage, et en ot les fruiz et les issues de la terre, ce est à savoir froment et orge et pomes, et tex choses; et se cil qui tient le velt noier, cil qui demande est prest de prover le par lui ou par tes-moing, et par garant qui le vit et oi. Il convient que souffisanz temoinz le tesmoingne, qu'il die que ce est voir, et que il est prest de prover en une cure de jor, à l'esgart de la cort. Cil qui tient est tenuz à respondre et à nier mot à mot, e se li te-nemenz a esté veuz, la bataille sera gagiée, si que cil qui tient dorra premièrement son gage, et pleges del desfandre, et puis cil qui demande de prover. Quant la bataille sera gagiée en la cort le roi, ou en celle à I autre, par devant II chevaliers al mains, et par devant autres qui aient recort, il recorde-ront toutes les défautes, et toutes les essoines, au-tresi comme se ce fust en assise, e cil qui ne porra salver ses essoines, et ses défautes, sera en périll de perdre la cause, si comme il est contenu el chapistre des délaiemenz.

Se cil qui tient veut, il se puet metre el reque-noissant, quar il est en son chois de desfandre soi par bataille ou par requenoissant. Quant li reque-noissanz sera gagiez, l'en asserra I jor en qoi il doit aporter le garant de (à) la cort le roi, par un brief que il empêtrera en ceste forme :

Li rois, ou li sénéchaus mande saluz à tel bailli; B. s'est plainz qe A. l'emplède à tort del tenement qu'il tient à Baieues, de quoi il se met el requenoissent; et por ce , se il te done plege de porsivre sa clameur, semon lors par buen semoneor, XII léaus chevaliers, et les homes del visné, que il soient à la première assise de ta baillie aparellié de reque-noistre par leur serement, li quiex a gregneur droit en cel tenement; cil qui tient ou cil qui demande; et fai dedanz ce veoir la terre , et semon celui qui la demande , que il i soit por oir le requenoissant, et aies o toi le semoneeur et c'est brief. Cil requenois-sanz a délaiemenz en essoines, et en défautes; cil por qui tuit li jureeur diront par l acort, guaen-gnera; se l des XII contredit as XI , ou li dui sont non sachant, li requenoissanz ne vaut riens , ainz doit l'en recorre à prover par bataille, et l. s est autre foiz randue la cort al segnor del fieu, en la forme qui est escrite el titre des délaemenz; et lors revienent les essoines , sanz langor, se elle a une fois esté jurée, et les défautes et li autres délaiement, fors de nomer garant; quar parce que il reçut seur soi le requenoissant et la desfausse, perdi-il à vo-chier puis garant; c einssi fet l'en en toutes les causes en que l'em plede de propriété d'éritage.

De Fieu et de Gage (1).

Il avient aucune foiz que aucuns chalenge son héritage comme celui qui a esté engagiez ou par li

(1) Le manuscrit 10390—2, *ibid*, page 161, place ces passages avant le titre de Brief de Fief et de Gaige. *(Coutu-mier général,* volume 4, page 46.)

ou par son encesseur; en ce cas doit l'en aler avant selonc I brief qui est fez en ceste forme :

Li rois ou li sénéchaus mande saluz à tel bailli; se A. donc plege de porsuivre sa clameur, semon par bon semoneeur XII léaus chevaliers et les homes del visné, que il soient en la première assise de ta baillie aparellié à requenoistre par leur serement se la terre que B. li déforce à Baieues, est fieuz ou guages engagiez, puis le coronement le roi Richart, et por combien il fu engagiez; et puis autresi comme el brief devant. Toutes ces causes aient leur délaiemenz, et une seule langueur; mès il covient que li jureeur s'acordent, si comme il a esté dit, autrement covandroit il recorre à prover la bataille; et lors auroit li sires del fié sa cort si comme il fu dit el titre des délaiemenz.

Se li requenoissanz s'acorde que ce soit gages, et non pas li fieuz as tenanz, li rois aura les deniers que li demanderres et li jureeur nommèrent, et cil qui est convaincuz sera en la merci le roi; et li autres por qui li seremenz aura esté, aura sa terre sanz contredit; en cause de fieu et de ferme, et de fieu et de prest, et de fieu et de garde à autre tel brief, et autre tel pleit.

Autresi fet l'en en cause de fié et d'aumosne, fors en tant que lais ne puet pledier encontre yglise, de chose que l'iglise a porsisé em pes par XXX anz; cest previliege a yglise d'ancien tens; et orandroit usent li lai d'icel meisme previliege par une novelle istitucion qui a esté fete en l'eschequier.

Des Dampnez et des Fors-baniz.

Se aucuns a esté dampnez à mort par jugement
por son mesfet, ou il a foi la justice et est fors baniz,
ou il est foiz à yglise à garant et a forsjuré la terre,
et tuit si bien sont le roi, et ses mesons sont arses,
es si abre destruit, et sa terre est tenue en la main
le roi I an et I jor; et d'ilec en avant la terre est
randue au segneur del fieu; et si oir en sont des-
hérité, si que il ne pueent recovrer l'éritage ne par
don de segnor, ne par eschange, ne par marchié,
ne par autre manière.

Se pluseur frère sont, et li uns mesfet, e cil qui
n'ont riens mesfeit ne perdent pas leur héritage, ne
ne sont pas dampné por le fet leur frère, jà soit ce que
cil qui mesfist fust em possession de tout l'éritage,
qui que il fust, ou li ainz nez, ou li puis nez. Cil
qui est fors-baniz, ou qui a forsjuré la terre, ne
puet pas recovrer à som héritage, ne à demander
ne à desfandre soi, quar il est jà dampnez; mès il
puet recovrer par la volenté le roi à revenir em som
païs, ou a demorer i, si que il ait les letres le roi
pandanz en ceste forme:

Li rois mande saluz à ses ballis de Normendie;
sachiez que nos avons pardoné à Th. le forbanis-
sement qui estoit fez de lui por la mort P. et por ce
nos vos mandons que il oit nostre pès en nostre
terre, si que il face pès o les amis al mort, que nos
n'en oions clameur. Ces letres le tienent en pès en
Normendie, tant comme li ami al mort se tessent;

mès se il se plaignent de lui, il convient que il isse
de la terre et que termes li soit mis à issir en, et les
letres né li vaudront pas puis.

De Terre asmosnée ou donée (1).

Chascun puet doner jusqu'à la tierce part de
som franc tenement en asmone, et por service, si
que li sires del fieu ni oit damage; quar il fera tor
jorz sa justice en son fieu; ne il n'est pas tenuz à
oir celui à qui la terre est donnée, se il ne donc
pleges d'avoir son garant à jor, por fere vers lui ce
que il devra: e cil qui li dona est tenuz à venir et à
délivrer le, ou il est contrainz par la justice le roi.
Se cil qui donna la terre muert sanz oir, ou il for-
fet terre, toz li fiez revandra au segneur, jà ne
remaindra por le don, s'il ne s'i assenti; ce puet
estre fet malgré as oirs.

De vente de Terre.

Homs puet vendre tout son tenement, si que li
sires n'i ait damage, si comme il fu dit el chapistre
des dons; mès se li oirs veut retenir celle terre por
le pris qui en est offerz al vendeeur, sanz barat,
il en sera plus près : e se l'en doute de la quantité
del pris, la vérité sera esclerиée par le serement à
l'achateeur, et al vandeeur, et à cels qui furent al
marchié.

(1) Le manuscrit 10390—2, page 91, place ces passages
avant le chapitre de Dons que peres font à leurs enfants.
(*Coutumier général*, tome 4, page 19.)

De Fiefement de Terre.

Homs puet doner en fieu son tenement, et la droiture as segneur sera tor jorz sauvé, si comme il a esté dit, jà soit ce que li sires ne s'assent pas au fieufement; quar ne li sires, ne li oir ne le puecnt empeeschier le fieufement, (1) por droite cause, si comme se li sires dit : que cil à qui la terre est donnée en fieu por son service, et por son homage, et por aucune rente d'an en an, a tandu à deshériterle, ou que il a porchacié la mort de lui ou dés suens, ou que il ait haine mortel entre lui et son linguage d'une part, et le segnor et les suens d'autre.

Quando persona quis dare terciam partem hereditatis sue? Bene potest quis dare terciam partem hereditatis sue et duas feodare rationabiliter, irrationabiliter, non. (*manuscrit* 10390 — 2 *, page* 91; *de la Bibliothèque royale*).

De Patronage d'Iglise (2).

A Roem en l'an de grace M et CC et V, el mois de novembre le diemenche emprès les huitienes de la toz sainz li quens Renauz de Bolongne, Guillaume li mareschaus, Henris d'Estenteville, W. li chamber-

(1) *Nisi ex justa causâ.* (Texte latin, *mss.* 10390—2, *Bibliothèque royale.*)

(2) Voy. Houard, *Dictionnaire du Droit normand*, tome 1er, page 17, *Tableau chronologique;* Dom Bessin, page 104 ; Brussel, *Usage des Fiefs*, tome 2, page XXIV. Le ma-

lans de Tenquarville, Raol Tesson, Jehans De-
praiaus, Henris de Ferières, Felippes de Vaaci,
Willaume de Mortemer, Robert de Torci, Willau-
me de Sévan, Fouqués Paainel, W. de Hommez,
Estienes de Lonechamp, Hues de Colonces, Robert
d'Esneval, Willaume Depreaus, Jehans de Rouroi, li
Chastelain de Belvene (1), Nicolas de Montegni,
Thomas de Pavelli, Rogiers de Meulant jurèrent et
distrent que se aucune yglise qui apartenist à la donoi-
son à I lai estoit vacant, et personne convenable
i étoit présentée, li prélaz la devroit recevoir, se autres
ne disoit que li patronages en apartenist à lui. En
cest cas ni doit li évesques nului recevoir, ne doner
l'iglise, devant que li contenz soit finez en la cort del
fieu; et lors au testemoine des letres au bailli le
roi, ou de celles au segneur del fieu, il doit rece-
voir la persone convenable que cil qui a guaengniée
la cause li présentera (2).

Li Sergent le roi ne doivent pas estre escommenié.

Persone d'yglise ne doit pas escommenier baron,
ne le bailli le roi, ne son sergent, ne clerc de son
ostel devant que elle oit requis le roi ou son sé-
néchal.

nuscrit 10390 — 2, page 154, place ce passage avant le
titre de Patronage d'église. (*Coutumier général*, tome 4,
page 44.)

(1) De Beaunes, *Mss.* 1426, *ibid.*
(2) Voyez ci-dessus, pages 58 et 59.

L'en Pleide de Fieu en la cort le roi (1).

Nule persone d'iglise ne doit trere home en cause por foi, ne por serement qui soit fez en fieu lai, ou de chatel à home lai; e se fiance est donée de chatel de mariage, ou de lès (2), ou de chatel à clerc, ou à croisié, li juges de sainte yglise pucit bien jugier de la cause.

De Dismes (3).

Il distrent que il ne virent onques el tens le roi Henri, et au roi Richart d'Engleterre, que aucuns randit dymes de faime, ne de genestoiz, ne de bois, se elles ne furent avant asmonées (4).

(1) Le manuscrit 10390—2, page 126, place ce passage avant le chapitre de Clers et de Personnes de sainte église. (*Coutumier général*, tome 4, page 33.)

(2) *De legato mortui.* (Brussel, *ibid.*, page XXV.)

(3) Le manuscrit 10390—2, page 154, place ce passage avant le titre de Patronage d'église. (*Coutumier général*, tome 4, page 44.)

(4) *Item*, ils distrent que el temps as roys devant diz ne virent tenir plet d'espée en la citée de Lisiex, ne en la banlieue puis que ly évesque Auvre qui pour cen s'en parti et s'en alla en essil.

Item, ils distrent que el fieu de Gournay et de La Ferté et de Geslem Fontene ne doit avoir li archidiacre que trois plès tant seulement, de mariage, de lez à mort et de chastel à clerc. (*Mss. ibid.*, 1426 B.)

D'Aumosne (1).

Il distrent que clerc qui tient aucune chose de quoi lais se plaint, se li clers dit que il le tient par non d'aumosne, il sera requeneu par le serement as léaus homes del païs, en la cort le roi, savoir mon se ce est fiez ou aumosne. E autresi se lais tient chose que clers die qui soit seue par non d'aumosne, li requenoissanz en sera à la cort laic.

Qe Clerc soit justisiez par son lai fieu.

Il distrent de clerc qui tient fié lai, que se il fet aucun tort au seigneur del fieu, li sires puet fere sa justice sus le clerc par les chatex qui sont seur le fieu, por sa droiture.

D'Userier (2).

Il distrent que l'userier que tandis comme il est el lit de la maladie, se il départ aucune chose de sa main, ce est estable ; et après sa mort tout sera le roi, se il peut estre prové que il oit presté à usure dedanz l'an que il morut.

(3) *Item,* ilz distrent que c'en que li archediacre

---

(1) Le manuscrit 10390—2, page 127, place ce passage avant le chapitre de Clers et de Personnes de sainte église. (*Coutumier général*, tome 4, page 33.)

(2) Le même manuscrit, page 67, place ce passage avant le chapitre des Usuriers. (*Coutumier général*, tome 4, p. 10.)

(3) Mss. Bigot de la Bibliothèque royale, 1426 B.

demandoit à Loviers, que ly roys Richart lui fist
eschange, et avoit de cen sa chartre, que il fust
jugié selon la teneur de la chartre et se il plaisoit
au roy.

De celui qui meurt sans testament (1).

Item (2) il distrent de celui qui muert sanz tes-
tament que se il jut en son lit par trois jors (3),
ou par quatre, que tuit li meuble sont au roy ou au
baron en qui terre ce est, et distrent tout aussi de
celui qui s'ochist ou se noye de son] grye.

De la Treve (4).

Item, ilz distrent que se aucun navre un autre en
la trieve de sainte église qui dure du merquedi si
que an lundi matin, que il n'en doit perdre ne vie ne
membre, et que ii plet demourra en la cort le roy,
et l'église ara sa mende si ques à neuf livres, et li
rois aura le remanant, se cil est convaincus du
meffet.

(1) Le manuscrit 10390 — 2, page 68, place ce pas-
sage avant le chapitre de Homicide de soi-même. (*Coutu-
mier général*, tome 4, page 10.)

(2) Mss. Sainte-Geneviève, ff. 2.

(3) Mss. B. de la Bibliothèque royale, n° 1426 B.

(4) Le manuscrit 10390—2, page 120, place ce passage
avant le titre de Suite de Trives frainotes. (*Coutumier géné-
ral*, tome 4, page 30.)

De Clerc (1).

Item, ilz distrent que se clerc est pris de queconques meffet, que l'église l'ara se elle le requiert ; et se il est ataint de larrechin ou d'omicide il sera desgradez et forjurra la terre, ne autrement n'en sera pugniz pour tel meffait ; et se il est trouvez en la terre après le forjurement, le roy sans nul autre meffait en fera sa justice comme de lay. Et se après cen fesoit aucun meffait en la terre, le roy en feroit sa justice comme de lay.

Conclusion (2).

Ils dirent en outre qu'ils avoient écrit de bonne foi, pour la conservation du droit du segneur roy et du leur, quels étoient les droits du segneur roi et les leurs qui leur revenaient en mémoire, comme ils les avoient vus observés du temps des rois Henris et Richard, ayant convoqué le conseil des hommes prudents, c'est à savoir de Richard de Villequier, de Richard d'Argences, de Richard de Fontenete, de l'abbé Raoul, et de certains autres. Et parce que quelques uns des barons de Normandie n'étoient pas présents, il décrétèrent entr'eux, qu'ils s'assembleroient

(1) Le manuscrit 10590—2, page 127, place ce passage avant le titre de Clers et de Personnes de sainte église. (*Coutumier général,* tome 4, page 33.)

(2) Traduit sur le texte latin imprimé dans l'Usage des Fiefs de Brussel, tome 2, page XXVI, et qu'il a tiré du Terrier cartulaire de Normandie, folio 221, v°.

un autre jour, et convoqueroient les barousabsents, si cela plaisoit au seigneur roi; et qu'alors sous leur serment ils écriroient les droits du seigneur roi et les leurs qui ne sont pas ici en écrit. Ensuite ils apposèrent leur sceaux à cet écrit, etc.

Guillebert (1) le filz Gautier, W. de Hamars, W. Goubert, Laurens Anzere, Henry Vidrien, Robert Garin, Philippe de Sarragoce, Jehan la Barbe, Jehan de la Barre, W. de Lacon, Pierres de Vancilles, Nicolle Londres, Guerin Otter, Jehan de Lonc Champ, Robert Chopin, Sançon de Lacon, Richart Lengles, Jehan Otecr, Nicholle d'Alemaigne, Richard de Bouloigne, juréz, distrent: que chacune nef qui vient au port de Caen, se elle arrive au port et elle est fretée à Caen de quiconques lieu que elle vienge, elle doura la solle et loial coustume; et se elle se veult partir du port, elle doura double coustume; et se la nef a esté fretée ailleurs que à Caen, et elle arrive au port de Caen par aucune nécessité ou par tempeste, elle peut ileuc demourer sans contredit; et se elle a besoing, elle peut vendre de la marchandise qui laiens sera, et acheter lour vivure o lour aournemens souffre se il leur failloient apparissaument et ensement acheter lour aournement de la nef se il lour falloient, et ne doura fors seulle coustume et loial de ce que elle rendra pour ces choses nommées. Et se elle rendoit plus enssement, doivroit sa loial coustume,

(1) Mss. Bigot, appartenant à la Bibliothèque royale, n° 1426 B.

et se elle se part du port de Caen, et la marchandise remaigne en la nef d'icelle marchandise, dourra double coustume. Et se nef qui est fretée aillours porte vin el port de Caen pour son vivre ou pour ses aournemens defaillans apparissaument peut vendre tant seullement deux tonnes de vin à Caen, et en dourra sole et loial coustume, et du remanant sera si comme l'en adevise par devant.

Nulle nef englesque ne se peut partier du port de Caen puisque elle y est venue que elle ne doint sole et loial coustume se aucun bourgeois de Caen ne la fretée.

Williaume le filz Richart, Durant Dupin, Richart Troppetit, Durant Duperier, Durant Neveu, Guillebert Malneveu, Raoul Lenglois, Robert le filz Nicolle, Williaume le filz Lucas, Robert le filz Renier, Aubert Anzere, Hue Megnier, Williaume Debavent, Raoul l'abbé, Richart Garnier, Fouques Paumier, jurèrent et distrent que le prévost de Caen peut et doit fere sa justice pour sa coustume par toute l'eve dolue siques au fleuve de Lescaide, et dilecques vers la mer; li quens de Ceste par devers Lavent et li prévost de Caen par devers Estrehan si ques à la mer; par tout prendra sa coustume se nef si arreste, et se autre est fichiés el fil de l'eve la coustume sera au prévost de Caen: et est assavoir que le fil de l'eve est tout siques en la mer de prévosté de Caen.

FIN DES ÉTABLISSEMENS ET COUTUMES.

ASSISES DE NORMANDIE,

AU TREIZIÈME SIÈCLE.

———

ASSISIE (1).

Anno ab incarnatione Domini M. CC. XXXIV. die martis ante festum beati Mathei, aprili, apud Cadomum.

Die mercurii sequente, audivi in assisia que sequuntur:

De Maritagio obligato.

Heredes mariti deffuncti, qui obligavit maritagium uxoris sue, tenentur illud deliberare et ponere proprium suum hereditagium in manu creditorum: hoc fuit judicatum de uxore Philippi de Monteforti deffuncti.

De Moltá et Venditione.

Quittancia molte non potest allegari nisi ostendatur carta super hoc confecta, vel nisi hoc fuit factum in assisia.

De Eodem.

Si vendidero hereditatem meam ei cui succederem de jure, puta fratri meo, si non haberet liberos, nichilominus ei succedam et in eo quod vendidi.

(1) Mss. 4651 de la Bibliothèque royale.

De Brevi et nova escaeta.

Si aliquis afferat breve de nova escaeta, et jura-
tores dicant quod nova escaeta et ad ipsum et ad
alium pertineat, ille qui breve impetravit nichil
lucratur, imo remanet in misericordia, et de novo
audietur super portionem escaete.

Nota. Dom Bessin, *Consilia Normaniæ*, page 82, nouvelle
édition, première partie, rapporte le jugé qui suit, *ex
Chartulario S. Michaelis in monte Tumba :*

Ne Abbatiarum fundatores aliquid juris præter orationes habeant.

Anno MCLVII, in assisia apud Cadomum. Cum Robertus
Abbas de monte S. Michaëlis conquereretur de Jordano de
Sacchevilla quod quasdam consuetudines et exactiones per
vim capiebat in hominibus de Eventoht, et volebat manu-
tenere eos et quasi tueri contra Abbatem, eo quod ante-
cessores ejus dederant S. Michaeli prædictam villam Even-
toht. Diffinitum est in plenaria curia regis, ut pote in as-
sisia, ubi erant barones quatuor comitatuum, Bajocassini,
Constantini, Oximini, Abrincatini, quod ex quo aliquis in
Normania dat aliquam eleemosinam alicui abbatiæ, nihil
omnino ibi poterit retinere, vel clamare, præter orationes ;
nisi specialem habeat cartam de hoc quod vult retinere,
ducis Normanniæ, in cujus manu sunt omnes eleemosinæ,
ex quo donaverunt abbatiis vel locis religiosis. Hoc judi-
cium approbaverunt et confirmaverunt Robertus de novo
burgo Dapifer et justitia totius Normaniæ, Philippus epis-
copus Bajocensis, Arnulphus Lexoviensis, Ricardus Cons-
tantiensis, Willelmus Tollevat comes Ponthivi, Ingerius de
Bonn, Philippus filius Erneisi, Willelmus, Joannes, Godar-
dus de Vals, Achardus Bocin, et alii multi. (Voy. Brussel,
Usage des Fiefs, pages 812, 813.)

ASSISES (1).

L'an de l'incarnation du seigneur mil deux cent trente quatre, le mardi avant la fête du bienheureux Mathieu, au mois d'avril, à Caen.

Le mercredi suivant j'ai entendu en assise ce qui suit :

De la Dot engagée.

Les héritiers du mari deffunt qui a obligé la dot de sa femme, sont tenus de la dégager, et de mettre leur propre héritage entre les mains des créanciers : cela fut jugé pour l'épouse de Philippe de feu Montfort.

De Molte et de Vente.

Quittance de molte ne peut être alléguée à mois que la charte faite sur cela ne soit montrée, ou à moins que cela n'ait été fait en assise.

De Vente.

Si j'avais vendu mon hérédité à celui auquel je succéderois de droit, par exemple à mon frère, s'il n'avoit pas d'enfant, je ne lui en succéderois pas moins dans ce que je lui aurais vendu.

De Bref et de nouvel escaete.

Si quelqu'un apporte un bref de nouvelle eschaete, et les jureurs disent que la nouvelle eschaete ap-

(1) Voyez la note de la page 5.

partient et à lui et à un autre, celui qui a obtenu
le bref ne profite de rien ; bien plus il demeure en
merci, et de nouveau il sera écouté sur la portion
de (1) l'eschéète.

Usage.

Li ainz nez qui a II fiez un de ça saine et autre
en cauz, et eschécites de ça saine veult avoir les
II fieuz, et que li plus joene aient les eschécites ;
l'en demande que droiz est ? Et ge respong que li
ainz nez aura les II fiez. E se les eschécites sont en
cauz, qu il un des fiez ? Je respong, li puisnez aura
tout le bénéfice au plus joene. E auront il II bé-
néfices par la rèson des II fiez ? Pluseur croient que
l'em prandra garde à tout ensemble, ce est az fiez
et as eschéoites, et il en auront le bénéfice.

De Parties.

Troi frère sont qui ont I fieu de aubert, et
eschécites, li ainz nez eslit les eschéeites, et li maiens
le fieu de auberc, li tierz aura part ès eschéeites.

De ce meisme.

Frère (2) sont qui ont un fieu de hauberc et es-
chéeites, li ainz nez eslit le fié de hauberc, et les
eschéoites sont départies entre les autres, li ains nez
muert, li maiens aura le fié de haubert et les es-
chéeites que il auront li remaindront quites.

(1) Continuation du manuscrit F. f. de la Bibliothèque
Sainte-Geneviève.

(2) Tres. (Manuscrit 4651, Bibliothèque royale.)

De Jugement.

Se cil qui ont esté en jugement sus aucun article de cause qui est meue, sont apellé au conseill mon averssaire, et ill i sont, il ne seront pas al jugement de cele meisme cause.

De Nans,

Se li namt à aucun estoient pris par le segnor del fieu, et il empetra qu'il fussent randu par la justice le roi, et après quant la veue fu assignée, il ne dist pas se il tenoit le fieu de celui qui avoit pris les nans, por la défaute d'un autre; cil à qui l'en demande se il est em possession de cel fieu ou non, n'est pas tenuz à respondre devant qe cil viegne qui tient del segneur qui fist la premiere justice. E inssi fu il jugié de l'abé de Quaam, et de ceus de Putot.

De Possession.

Se aucuns entre en ma possession et ge di que ill i est entrez à force, la chose doit estre prise en la main le roi, e se cil qui fist la force requiert sa sèsine et ge la moie; l'en doit enquerre, eins que aucuns de nos requevre la possession, se il l'ot à force, e se l'en treuve que il li eust, il ne la recuevre pas.

Se li sergent qui furent envoié à prandre la devant dite chose, trovèrent aucun menanz qui distrent que ill i estoient de par autre que de par celui que l'en dit qui y entra par force, il ne recouvre pas la possession.

La persone d'Argences dist que il avoit baillié sa mèson (1) à monsegnor Guillaume de Rupierre, et que sa gent qui il fu trovée par les sergenz, i estoit comme oste; après mesire Guillaume demandoit la possession; et porceque li sergent le roi troverent les sergenz à la perssonne en celle mèson, si comme li sergent le roi distrent par leur serement que il em firent (2) de la volonté au balli, la persone demandoit la sèsine. Il fu jugié porce que il avoit dit que li sergent i estoient de par monsegneur Guillaume que il estoit cheoiz de la possession, et que il ne devoit pas estre oiz sus la sèsine.

De Ratrere vente.

Nus ne soit oiz de recovrer vente que ses cousins oit fete puisque uns anz est passez, après ce que la vente fu fete, ou après ce qu'il fu en aage; e puis que uns del lignage a meu plet de rapeler une vente, li vanderres et li achaterres ne puent pas dépecier le marchié (3).

De Parler sans Tesmoing.

Li   abés de Sordene dist : mesires Pierres

(1) *Tradisse et dedisse dolose.* (Manuscrit 10390—2 de la Bibliothèque royale.)

(2) *Sine judicio.* (Ibid.)

(3) *Venditor et emptor venditionem recindere possunt.* (Manuscrit 4651 de la Bibliothèque royale.)

d'Aguenci (1), nos a despoilliéz à force de nos di-
mes, et li bailliz le roi les a fet sesir; nos demandons
nostre sèsine de l'aost trespassé? Pierres dist : Je
demant la sèsine que ge avoie el tens que li rois prist
la chose en sa main, et si di plus que en l'en tres-
passé il me randi XX livres por cele disme, et por une
autre de que il estoit mes fermiers, et de ce me met-
ge seur son serement, por ce que il parla sanz tes-
moing. Li abés ne fu pas tenuz à prandre seur lui
son serement, ainz recevra la possession et ses aver-
saires fu en merci.

De Semonce de Baron.

Li abés del mont saint Michiel disoit que il n'avoit
pas esté semons; li sergenz tornez en assise disoit
qu'il l'avoit semons à son menoir de Breteuille, ne
porquant il ni estoit pas présenz, mès li sergenz
qui gardoit son menoir disoit que il l'avait semons;
li abés porce que il estoit barons le roi, disait que
por la voiz de tel sergent, il ne devait pas entrer en
la loi descondire la semonsse ; il fu jugié que si de-
voit (2).

E si fu jugié que troi baron ou quatre soffisent
bien à jugier del plet l'abé qui est barons.

Des Parties des Frères.

Se aucuns muert qui a pluseurs fils, et pluseurs
fiez de hauberc, li ainz nez en aura le chois, et en

---

(1) De Argerncio. (Mss. 4651, 4655, A. Biblioth. royale.)
(2) Brussel, Usage des Fiefs, page 173.

eslira I, li premiers après autresi, e einssi tuit li au-
tre. E se ill i a II filz et ill i a trois fiez de hauberc ou
plus, et nule eschécites ; se il en i a trois, li ainz nez
en eslira I, et li puis nez autre, et li tiers remaindra à
l'ains nez. Et se ill i a II fils et II fiez tant seulement
et eschacites, chacuns aura I fieu , et les eschacites
seront parties.

E se ill i a III filz et II fiez et nules eschécites , li
ainz nez en aura l'un, et li autres ne sera pas dé-
partiz, trovera donc li maains al plus joene son vi-
vre ; li ainz nez en choisira I et cil après aura
l'autre.

De Vente.

Se mes parenz vit encore de qui li héritages peust
eschaeir à moi et à mon frère, et il a tout vandu,
et mes freretes la retrait ; l'en demande se ge em
peut demander la moitié à mon frère ? E ge respong
se ge en veill la moitié et paier la moitié del pris, ge
serai oiz dedans l'an, se ge le demant, por ce que cil
qui le vandi ne le pot vandre ; ge ne sere pas oiz tant
comme li vanderres vive. (*Quin audiar, etc. Ibid.*)

De Vente pendant que plez et meuz.

L'en demande se cil qui tient pueit vandre ou
doner aucune chose pendant que la terre est veue,
ou devant la veue ? Je respons puisque li plez est
meuz, il n'en pueit riens estrangier.

Des Parties.

Se aucuns a V fiez et II filz li quiex eslira des
eschcoites ? Je respong chascuns aura II fiez, et puis

choisira li ainz nez des eschéeites, ou del fieu qui remaint.

De Mise.

Li ami diront leur dit en assise en tel manière : nos disons qe A. doit délivrer à B. la droiture del patronage de celle iglise que il li donna en partie et puis l'encombra as moines de la Trape qui i présenterent le clerc qui a été reçeuz; l'en commande donc à A. que il la délivre dedanz quinzaine; il ne li delivre pas, il est sémons à l'assise; il s'essomnie al autre assise; B. requiert le bailli que il face tenir le dit às amis.

De Mariage encombré.

Li oirs à la fame à qui ses mariages fu encombrez par son mari, ne sera pas oiz après la mort à la fame qui se tot I an. Mès se la fame encommence à plèdier maintenant que ses mariz est morz, et elle muert dedanz l'an, en porra ses oirs plèdier.

De ce meisme.

Li oir au mari qui encombra le mariage sa fame sont tenuz à randre en le pris, dèsque cil qui tenoit la chose la pert par jugement (1).

De Vente.

Fame puisque ses mariz est morz ne puet pas retrere la vente que ses paranz fist el vivant son mari qui se tut par I an; l'en demande se il est autresi

(1) *Re evicta à possidente, tenentur ei reddere pretium.* (Mc. mu*crit 4651 de la Bibliothèque royale.)

en celui qui est dedanz aage quant la garde est finée?
Tibaut Cornet dit que il rapelera, mès l'en à el ré-
gistre contre Tibaut.

De Bataille.

L'en demande se cil muert qui gaja la bataille,
se li plez commencera de novel et en quel estat il
sera? E si li demande l'en li quiex des champions
doit premièrement jurer? Et ge respong, cil qui
desfant.

E se li uns des champions est escommeniez au
jor de la bataille? Je respong, la chose est porlon-
gniée, ne il ne pert pas la querelle; e se uns des
mestres est escommeniez au jor de la bataille? Je
respond, il est autresi. E se pès est fete, si que li
tenanz lest la moitié de la terre, et tote la terre est
emblayée? Tuit dient que se li blez n'est pas encore
quelliz, il vient à celui qui gaengne par pès, se il
estoit en javelles ou en tas, il seroit autrement.

De Pès.

Une fame après la mort som mari qui encombra
son mariage, fet pès à celui qui le porsiet si que ill
en donne X livres; li parant à la fame veillent retrere
celle vente, l'en demande se il puecnt? Ge respong
que nanil.

De Doere.

La fame au chevalier mort n'a pas partie, ne
doecre ès conqest, ne ès muebles.

Se aucuns prant fame el vivant som père, et puis
muerent li pères avant et li filz après, la fame aura

son doèrc en la terre qui eschai au filz de par son père et li pooit remenoir. Mès se il avoit I frère, et de par le père leur eschai I fiez de hauberc et eschéeites, se li ainz nez filz eslit le fié de hauberc ou les eschéeites, sa fame n'aura doère fors en ce que il choisira.

De Conquest.

Chevaliers ne puet pas doner son conquest qui n'est pas mouables à son neveu de par I de ses frères qui doivent estre si oir; ne ce ne nuira riens au prochain frère après celui, se il se consenti tant comme ses ainz nez frères vesqui; ne il se il le jura, ou se li niès fist par son assentement homage au segneur del fié de cez conquez; mès se li niès au doneeur en eust chartre ce le desfandist.

De Cens.

Se aucuns muert le jor de la feste saint Rémi que l'en paic les cens (1), il n'aura riens en celle rente, ainz l'aura ses oirs.

Autresi, dit l'en, de molin baillié à ferme, se cil qui le bailla muert ainz le terme de paier la ferme; mès ce n'est pas voir, ainz en aura li mors (2) de tens tenu.

De Requenoissant.

En requenoissent de fié et de gage convient avoir

(1) Scilicet in festo, gagiarii nichil habebunt in redditu illo, imo eum habebunt heres ejus, etc. (Mss. 10390 — 2, p. 218.)
(2) Gagiarii. (Ibid.)

quatre chevaliers à la veue, et i a trois essoines, ou
toutes celles qe l'em puet fere fors langor.

Enfent dedanz aage ne puet fere atorné.

D'Anfant dedans aage.

Li emfes qui est en la garde le roi ne se puet pas
plaindre de dessèsine, mès si ami le doivent mons-
trer au bailli, et li bailliz en doit enquerre, si
comme ge vi de Jehan de Caborc; ne porquant
briés de novelle dessèsine puet estre pris contre
lui.

De Recort.

Li emfes qui est en la garde le roi por non aage
ne pueit fère atorné.

De Recort.

Enfes dedanz aage ne puet fère recort d'assise fors
de loi outrée, si comme de bataille ou d'establie
ou de recort.

De Ratrere vente.

Il fu jugié en l'asise de Lisuis que se uns des
paranz al vandeeur ratret la vente que il a fète, et
il n'a pas encor paié les deniers, uns autre paranz
qui est autresi prochains il, partira o lui, jà soit
ce que li anz est passez, portant que il pait sa part
des deniers et des despans.

De Recort.

Se aucuns demande le recort de l'assise par de-
vers le demandeeur, li atornez al defandeeur puet
dire que il n'a pas jor à avoir le recort, si aura
terme jusqu'à l'autre assise.

De Requenoissant.

Uns emfes dedanz aage demandoit le requenois-
sant de ia personne qui fu derrenièrement présen-
tée à une yglise par son aiel ; li moine qui se tien-
nent por patrons, mostrent leur chatres que il
tiennent d'icelui aiel ; li emfes ne quenoist les char-
tres ne ne nie ; il fu jugié en l'assise de Qaaim que li
requenoissanz corra (1).

D'Essoine.

En essoine de voie de cort soffit que cil qui es-
soinie die sanz garant que il est aparelliez de desre-
nier à l'esgart de la cort.

En essoine de mal réséant convient avoir
garant.

De ce meismè.

Il fu jugié en l'assise de Baieues, en l'an de grace
M. et CC. et XXXVI que essoine de maladie ne devoit
pas estre reçeue de par celui qui estoit en plèt de
la deite que il devoit, et s'en estoit mis en amis, de
qui li diz devoit estre aportez à celle assise, et cil
qui aportoit l'essoine fu en merci.

De Brief de Dessèsine.

Il fu jugié en l'assise de Quaam en l'an de grâce
M. et CC. XXXVI. le vendredi emprès la mi aost,
que li briés de novelle dessèsine corra contre celui

___

(1) *Judicatum est quod recognitionem non currere.* (Manus-
crit 10390—2, page 219.)

qui achata le molin à vant, porceque li demander-
res avoit par la rèson du molin rente en la terre ou
li molins estoit, et i avoit fet sa justice en l'an de-
vant.

De Brief de novelle eschècte.

Il fu jugié que en l'assise de Faloise, en l'an de
grasce M. et CC. et XXXVI, le jor devant la tranlac-
tion saint Beneoit, que l'entain (1) qui demandoit
brief de novelle eschéoite comme li plus prouchiens
oirs, devoit avoir (2) contre sa nièce qui estoit sèsie
de la sèsine dè l'éritage sa suer, porce que la nièce
ne disoit pas que elle fust née de mariage (3).

De Ratret.

Li abés de saint Jehan de Faloise ostroia à I de
ses homes une franchise en son molin, et puis la
rachata par deniers que il li donna : uns des paraus
à celui qui quita la franchise dit que ce est vente,
si la demande por le pris ; tuit dient fors Milloel, et
le dean del sepucre, et Canbremer, que celle vente
doit estre ratrete.

De Nans.

Se aucuns est emplèdiez por héritage, et l'en
prant le suen, il li soit randuz en assise, jà soit ce
que il ne die pas que il l'ait requis (4), ne porquant
il aura jor avenant que il n'a pas encore eu.

(1) *Amita.* (Manuscrit 4651.)
(2) *Saisinam de hereditate sororis sue. (Ibid.)*
(3) *Ex matrimonio tali quali. (Ibid.)*
(4) *Ante. (Ibid.)*

D'Emfant dedanz aage.

Se uns emfes qui est dedans ange a I fieu de hau-berc de qoi il est en la garde à I chevalier, et si oncle li demandent partie, l'en demande se il leur puet lessier le fié de hauberc, et choisir les eschécites?

De Brief de novelle dessèsine.

Se cil contre qui brief de novele sèsine (1) est pris por rente que il n'a pas payée, requenoist seur la veue, que il doit la rente, et il dit après en l'assise que il dit ce seur la veue, et il en a garant; se il reque-noist que li termes de paier la estoit passez, ains que li briés fust pris, il guagera au demandecur et l'amandera au roi.

D'Aides.

Trois aides sont, ce est à savoir : de fère le fill au segneur chevalier, de sa fille marier, de l'ost le roi, qui ne puéent pas estre quitées par aucune chartre.

D'Essoine.

En l'en de grace M. et CC. et XXXVI il fu jugié que essoine de mal réséant n'a pas lieu por celui qui avoit mis gage et plege, que mesire Raoul de Teuville avoit pris le suen là où il ne devoit, ne ne pooit; il fu donc commandé as visconte, que li namt fussent maintenant randu à monsegneur Raol.

(1) *De nova dessesina.* (Manuscrit 4651, Biblioth. royale.)

De ce meisme.

Quant cil qui essonie I home l'essonnie contre I par non et contre tout, l'essoine vaut contre toz.

De Moulins.

Se aucuns a molin et mote (1) seur autrui hommes, se cil home muelent à autre molin, li sires du molin aura le forfet, ce est le pain ou la farine ; mès il n'en aura pas l'amande, ainz l'aura li sires as homes.

De Garant.

Li abés de Fesqam demandoit à ses homes d'Argences unes (2) droitures en sa cort et les demandoit arrierres (3) par I garant ; li home disoient que il ne pooient sivre par I garant contre toz ; il fu dit en l'eschequier que si pooit bien jusqu'à la veue.

De Rat.

Cil qui a pris fame à force em puet estre acusez en la baillie où il maint, et nom pas en celle où il la prist par force.

De Brief de novelle dessèsine.

Li niés au prévost le roi qui n'estoit pas fièfez mès muables et estoit dedanz aage, avoit pris I brief

(1) *Moutam.* (Manuscrit 4651, Biblioth. royale.)
(2) *Quedam juria.* (Ibid.)
(3) *Contra omnes.* (Ibid.)

de la sèsine le roi (1), li tenant ne voloient pas que cil
de la prévosté, ce estoient li borjois, fussent receu
à jurer; mès li contraires fu jurez (2) en l'assise
d'Avrences.

De Voie de Conseil.

Aucuns se puet fere essonier de voie de conseill,
puisque il a esté en l'assise et il a respondu.

De Gage et de Plège.

Se cil qui mist gage et plège qe aucuns avoit pris
ses nanz là où il ne pooit ne ne devoit, et il dit après
en assise que einssi ne dit-il pas, mès que il les avoit
pris por tel chose, por que il ne les pooit prandre
ne ne devoit, li namt sont randu à celui qui les
prist.

D'Atorné.

Cil qui n'est présanz (3) ne puet estre atornez.

De Nams.

Se aucuns a pris (4) gage et plège que si namt
furent pris, là où il ne pooient ne ne devoient et
une défaute est estainte contre lui, li rois randz les
nanz à celui qui le prist (5).

De Défaute.

En plet de deite ou de châtel se une défaute est

(1) *Patris.* (Manuscrit 4651, Bibliothèque royale.)
(2) *Judicatum fuit. (Ibid.)*
(3) *Absens. (Ibid.)*
(4) *Posuit. (Ibid.)*
(5) *Nannia. (Ibid.)*

atrainte contre le deteur ou contre le demandeeur puisque ils ont été en cort, la querelle est perdue (1).

D'Omage.

L'en demandoit homage à un emfant dedanz aage et ne disoit l'em pas que ses pères l'eust fet ; li emfes requenut que il devoit une partie de la rente et de l'omage, (2) il ne voloit respondre devant que il fust en aage ; il fu jugié en l'assise de Baieues que li aages le desfandoit, à la première assise après Noel (3).

En l'an de grace M. et CC. et XXXVI.

De Ratret.

Li filz qui estoit en la poosté som père voloit retrère la vente que li pères avoit fète de son héritage, il ne le puet fère.

De Croisiez.

L'en demandoit à un homme I héritage, il noia ès plez de la visconté la chartre que l'en disoit que il avoit fète ; après ce il vint en l'asise croisiez et dit que il se voloit desfandre par la croiz, et noia que il n'avoit pas noié la chartre ; ses aversaires requeroit que il la queneust où noiast ? il fu jugié que il ne seroit pas contraintz à ce, ainz le desfandroit la croiz jusqu'à I an.

(1) *Secus si ante.* (Manuscrit 4651, Biblioth. royale.)
(2) *Et dicebat quod, etc. (Ibid.)*
(3) *Anno Domini MCCXXXV, prima assisia post natale.* *(Ibid.)*

De Bastardie.

En cause de bastardie se fist cil qui estoit se-
mons essonier de voie de cort en la première assise,
et en la seconde de mal réséant, et en la tierce au-
tresi ; et en la quarte autresi ; il fu jugié que la der-
renière essoine ne seroit pas (1) ; refist toutes ses
essoines, et puis fist I atorné, et li atornez fist au-
tresi toutes ses essoines et puis jura langor, e quant
la langor fu finée, Raols qui estoit jà croisiez, re-
prist le plet sus lui, et demanda terme de la croiz
et l'ot par jugement.

De Fié et de Gage.

En plet de fieu et de gage se li jureeur dient que
ce est gages, mès la dete n'est pas encor païée, li rois
aura la deite, et li demanderres aura son gage.

De Ratrète.

Se vente est ratretre et li achaterres le contredit,
et il en chiet par jugement, li rois aura les deniers ;

(1) *Non erat recipienda, nec visio persone, nec langor in hoc
placito locum habebunt, et fuit terra capta in manu regis per ju-
dicium, ita quod non poterat reddi nisi in assisia, et preceptum
est quod justicia fieret pro omnibus essoniis, quia ex quo cecidit de
omnibus : factum fuit hoc in assisia Abricensi proxima post na-
tale, anno Domini MCCXXXVI.*

De Portionibus.

*Radulphus de Amsero a quo frater suus petebat portionem
terre et mobilium fecit* (Manuscrit 4651, Biblioth. royale.)

et se l'en doute du verai pris l'en aura le serement du vendeeur, et de l'achateor.

De Garde.

L'en demandoit (à) l emfant qui estoit dedanz aage que il fust en la garde au demandeeur por un fieu de hauberc que il tenoit, li emfes demanda veue et lot. E en l'assise après li demanderres propose ce que il demandoit, et li emfes noia que il ne tenoit pas de lui ce fieu de hauberc ; il fu lors jugié que enqueste en coroit : et porce que la veue avoit été assise ainz que l'enqueste fust ajugiée, la veue fu assignée de rechief.

De Doère.

Se dame fiève son doère elle le pert ; autresi est-il de chascun qui a terre à sa vie.

De fere Chartres.

Se aucuns fet chartre que il ne metra point hors de sa main de la terre qui li est baillée, il n'em porra point mestre hors, et se ill i met, la croiz ne le desfandra pas se il en est emplèdiez.

De Relief.

En l'assise de Quaam le mardi emprès Pasques XIII jorz en la fin d'avrill en l'an de grasce M et CC et XXXVII, mesire Jehans Maleherbe demandoit à ses homes relief que il avoit paié au segnor de Planes de la mort (1), ce est à savoir demi relief ; li home

(1) *Ipsius patris Domini.* (Manuscrit 4651, Biblioth. roy.)

disoient que il estoient home monseigneur Jehan,
et banier de son moulin, et que il avoit eu relief
d'eus, mès il disoient qu'il n'avoient onques paié
relief de la mort au segneur de Planes, mès de la
mort au seigneur de Turi, et de ce demandoient-il
l'enqueste? il fu jugié que mesires Jehans aurait le
relief, et que il ne seroient pas oi de l'enqueste.

E li sires de Planes estoit présanz, que mesires
Jehans requenoissoit à son segneur de cel fieu.

De Ratrete.

Ilec meisme fu-il jugié que se ge faz pès o aucun
qui par lingnage veut premièrement retrère le mar-
chié que ge ai achaté, nul del lignage n'en sera puis
oiz contre moi; ce contredistrent pluseur, et ce est
faus.

De la Croiz.

Ce ne fu pas ilec, mès ailleurs qe il fu jugié à
monsegnor Jehan de Dampierre, que la croiz ne
défandroit pas de chartre noié.

De Terre donnée.

Il fu jugié en la devant dite assise que se un che-
valiers donne terre à sa fille batarde en mariage,
et ill i met après tel condiction que ses maris en
rande rente as chevaliers et à ses oirs; se la fame
muert et elle lesse emfanz, et ses maris prant autre
fame, la seconde fame ne aura point de doère, ne
li enfant del secont mariage n'i auront poin' de
partie.

De Croisiez.

Il fu jugié ilec meisme que la croiz ne desfandroit pas celui à qui l'en demandoit rentes que ses frères avoit lessiées à une yglise, et que enqueste en seroit fète sanz veue par les provoires et par les léaus hommes qui furent au testament; et illeq fu fète enqueste par que l'iglise de mool guaaugna.

D'Ainsné.

Cil qui demande (1) ne sera pas oi se il y a ainzné.

De Briés

Se cil contre qui briés   pris de novelle dessèsine, ne dit (2) sus la veue que il n'i claime riens en celle terre, por ce ne remaint pas que li briés ne core, neis se il dit puis ce en l'asise.

De Nanz.

Se ge faz ma justice en mon fieu et ge i praing nanz, et cil qui il sont les fet randre par les sergenz le roi, comment en sera-il par droit?

Se aucuns fet recroire ses nanz que ge pris porce que il tranchoit mon bois, parce que il met gage et plège que je les pris là où ge ne pooie, ne ne devoie; et après quant la veue est fète, il requenoist en l'assise, ou il est juré par l'enqueste, que ge les pris là où ge poi et dui, et li nant me sont randu,

(1) *Hereditatem.* (Manuscrit 4651, Bibliothèque royale.)
(2) *Dicat.* (Ibid.)

em porrai-ge lever amande por cel forfet, dèsque li
rois a eu sa merci de ce que cil est enchaoiz du gage
et plège que il avoit mis?

De Mariage.

Uns homs vant le mariage sa fame, le porra
nus (1) des parenz à la fame retrere dedanz I an
et un jor? Il est certaine chose que oil (2).

De Parties.

Mesire Raous de Vals li ainz nez respondi en l'as-
sise de Quaam à son frère qui li demandoit partie
d'éritage que il voloit que li puis nez feist les par-
ties, et mesires Raous chosiroit? Il fu jugié que
einsi seroit-il, jà soit ce que li puis nez estoit de-
danz aage.

De Nanz.

Il fu jugié à Orbec, pardevant le Han Desvingnes,
et pardevant pluseurs autres, porce que Rogier
Muldach de amplié mist gage et plege contre ce que
mesires Jehans d'Argences disoit que il avoit pris
les nanz Rogier là où il pooit et devoit, mès il ne le
pot prover, et por ce fu il jugié que cil Rogiers (3)
doit avoir lassèsine tant que li devant diz Jehans
prueve que ill i pueit fère sa justice.

(1) *Poterit consanguineus.* (Manuscrit 4651, Bibl. roy.)
(2) *Certum est quod sic.* (*Ibid.*)
(3) *Presbiter.* (*Ibid.*)

FIN DES ASSISES.

Nota. *Ex mss.* 4651 *et* 4653 A., *Bibl. reg.* Robertus... dixit se non debere respondere minoribus sicut minores ei respondere non tenebantur... Indicatum fuit pro Roberto in alio scacario — Quando domina petit dotalicium reus habebit unam essoigniam, et post deffautam citabitur reus ad assisiam, et si venerit, emendabit deffautam et faciet dotalicium, si non venerit rex faciet.— Audivi ibi quod minor bene potest perdere ad finem per duellum, vel estabiliam. V. Brussel, *Usages des Fiefs*, page 965. — Cum generalis constitutio sit quod mulier habens maritum nichil possit vendere, vel donare de suo maritagio, queritur utrum possit in morte sua dare vel legare ecclesiæ vel alii? Super hoc consulendus est rex. V. M. Beugnot, *Institut de Saint-Louis*, page 167. Bene potest dare quilibet de hereditate sua in lecto mortali. — Nullus potest uni eorum qui ei succedere debent, aliquid dare vel vendere de hiis qui jure hereditatis debent ad eos devenire, ita quod partem alterius diminuat. Inquisitio non debet fieri super eodem facto de quo alia facta est.— Carta que non est suisita non probat aliquid. Si ille qui impetrat breve de nova dessesina obtineat fructus abbati, restituetur ei. — Vidua super hereditate conventa habet annum viduitatis, similiter ille quem vidua convenit super hereditate. — Suspensus per judicium non habet heredem unde filius suus non habebit hereditatem matris suæ...Nec aliquis de sanguine dampnati potest terram dampnati habere per emptionem, vel donationem. Cruce signatus post forisfactum non deffendatur ab ecclesia.— Astornari non potest aliquis alium in scacario ante terminum in curia assignatum. Attornatus non potest facere attornatum. Attornatus non potest fieri per litteras, nisi magnus Baro hoc faciat de voluntate Regis, et per litteras ipsius regis. Attornatus non potest mutari nisi volens et consentiens. Attornatus non potest fieri ab aliquo nisi ad causam motam. Attornatus non tenetur dicere utrum carta que ostenditur contra ipsum sua sit ratione judicii.— Judicatum fuit quod auxilium de militia non debetur alicui nisi teneat per feodum loricæ.— Judicatum est quod homines G. de Bretevilla qui recognoscunt quod sunt de feodo loricæ suæ reparabunt motam cum aliis ejusdem feodi, non obstante quod dicunt se nunquam fecisse, et super hoc petunt stabiliam.— Puer infra etatem maritagium matris encumbratum recuperavit contra quemdam per judicium, post ea ille qui perdidit petebat excambium ab infante; judicatum est quod non habebit.

ARRÊTS

DE L'ÉCHIQUIER DE NORMANDIE,

—————

LI ESCHÉQUIERS DE PASQUES (1) A FALOISE, EN L'AN DE
GRACE M. ET CC. VII.

Entré en Religion.

Il fu jugié que la fille Rogier Nervei (2) ait la sè-
sine de ce dont ses pères estoit sèsiz quant il entra
en religion.

(3) *De Garde.*

Il fu jugié que la dame del Sap ait la garde du
fill à son chevalier qui estoit prise en la main le roi,
por ce que la dame tenoit son fieu de l'eschèoite
qui estoit en la main le roi.

D'Emqeste.

Il fu jugié (4) se il doit estre enquis, se li quens
de Bolongue prinst aucune chose en nanz de Fouque

(1) *De la Saint-Michel*, selon Brussel, Usage des Fiefs,
page 603, à la note.

(2) Vernay. (Manuscrit 4651, Bibliothèque royale.)

(3) *De responsione contra judeos.*
*Indicatum est quod heres Radulphi de Corlibon non respondeat
versus judeum de debito patris sui donec etatem habeat.* (Manus-
crit 4651, Bibliothèque royale.)

(4) *Quòd debet inquiri utrum, etc. (Ibid.)*

Pajenel, ne il ne remaindra pas por la semonse ; e cil Fouques ne respondra pas, vers le conte, devant que celle enqueste soit fète.

De preuver Dete.

Willaume de Vilers prueve par ses tesmoinz, que Gifroiz de Rapandon randra Gifroi (1) le filz Pierre son créancier C livres de la dete que Willaumes li devoit.

De Chartres.

Il fu jugié que li recorz de l'assise corra seur ce qe li moine de saint Oien disoient que Robert Bainel avait graé en l'assise de Faloise, que il perdist sa querelle se l'em pooit trover chartre semblable à cele que li moine avoient, séellée el séel son frère par que il eust donné terre ou aumosne.

D'Éritage à emfant dedanz aage.

Liiart de Barneville ne respont pas de son héritage devant que li fils Robert Bertran qui est dedanz aage, et qui doit garder (2) cel héritage soit en aage (3).

(1) *Gaufrido.* (Manuscrit 4651, Bibliothèque royale.)
(2) *Garantisare. (Ibid.)*
(3) Brussel, Usage des Fiefs, pages 931 et 932.
Il dit que les mineurs ne pouvaient intenter l'action pétitoire, ni être contraints d'y défendre, pour raison de ce dont ils étaient saisis comme héritiers.

LI ESCHEQUIERS DE LA SAINT MICHIEL A FALOISE EN CEL AN MEISMES.

De Doère.

Il fu jugié que li fermiers Milessent de son doère ne l'agrieve de riens par aler en Engleterre, se ce est recordé en l'assise où il fu fet.

De Bastardie.

Porceque li évesques de Costences tesmoingne par ses letres que li tenanz à qui l'en metoit sus que il estoit batarz, avoit apelé a l'apostoile et n'avoit pas porsivi son apel dedanz le terme qui li avoit esté mis, il fu jugié que li demanderres eust la terre, e si fu jugié que l'en ne puet pas, en tel cas, apeler hors de Normendie (1).

De l'Aide de l'Ost.

Li évesques de Baieues demandoit au conestable de Normendie l'aide de l'ost del don le roi des fiez as IX chevaliers que il tient de lui ; li conestables dit que il tient de l'évesques VII fiez de chevaliers au servise l'évesque, et II al servise le roi qant il en est semons par l'évesque ou par son mésage, et si dit que il n'en doit pas doner aide ne onques ne la donna, et en demande l'esgart de la terre ; il fut jugié que li évesques oit del conestable l'aide des fieus que li

_____

(1) Preuve que les appels à la Cour de Rome étaient encore en usage en matière de fiefs et de domaines, au commencement du 13ᵉ siècle. (Brussel, *Usage des Fiefs*, p. 279.)

conestables requenoist que il tient de l'évesques, et si aura celle aide par le don le roi.

De Bataille de Juis.

Il fu jugié que Caloth li juis puet bien sivre Abraham d'assaut de chemin (1).

De Roberie.

Il fu jugié que cil qui a del roi la garde d'un emfant ne respondra pas à juis, tant comme li enfes soit dedanz aage, de la dete al père à l'emfant, ne celle dete n'usurera pas dedanz ce.

Il fu jugié que li home mestre Raól de Costances soient en merci por leur fausse clameur, por les homes de Roem que il sivoient de roberie (2).

LI ESCHEQUIERS DE PASQUES A FALOISE EN L'AN DE GRASCE M. ET CC. ET VIII.

De Fiance.

Il fu jugié que por la foi que uns chevaliers donna à l'évesque ne puet pas li évesques contraindre le de respondre en la cort de sainte iglise.

(1) *Habraham Judeum per duellum de assanto de Kemino.* (Mss. 4651, Bib. roy.) Pour empêcher les Juifs de se tuer en traison les uns les autres. Ils appartenaient aux seigneurs dans les terres desquels ils demeuraient, et ne pouvaient user du combat judiciaire; cependant ils étaient sous la spéciale protection du roi. (Brussel, *Usages des Fiefs*, pages 603, 619, 620.)

(2) *Quia clamor patrie dixit quod numquam audierunt quod roberia illa fuisset facta.* (Eod. mss.)

De Chartres.

Il fu jugié que li templier aient la sèsine de la terre veue, porce que cil qui la tenoit trest à garant la chartre del chapitre as templiers que il avoit eue, mès elle estoit arsse, si comme il dist, en mèson X anz avoit, ne il ne requist puis le chapistre del temple que il li refeist sa chartre.

De Présentement d'iglise.

Il fu jugié que li abés de Chicrebors ait la sèsine del présentement de l'iglise de Barefluc, quar cil qui disoit que li présentemenz en apartenoit à lui, requenut que li rois Henris, de qui li abés à la chartre de celle yglise, i avoit présentée la derrenière personne qui estoit morte.

De Doère.

Il fu commandé que la fame Robert du menill Wace ait en doère la tierce partie de l'éritage qui li (1) aferoit à sa part de l'éritage som père.

De Défaute.

Il fu commandé que Galeran Loyel ait les eschéoites de la terre som père por la défaute de Gefroi son frère qui s'estoit défailliz contre lui em pluseurs assises.

De Gage.

Raol disoit que il avoit un molin engagé del

---

(1) *Viro suo.* (Manuscrit 4651, Bibliothèque royale.)

comte Robert por CXL livres de tornois, et li
quens disoit que il n'i avoit que LXX livres, de qoi
il se mistrent seur (*ils s'en rapportèrent à l'arbitrage
de*) l'abé de saint Andrieu, et seur autres, qui
distrent que li quens avoit fet fin por LXX livres de
cel gage; il fu jugié que li quens eust son molin,
et li rois les LXX livres.

De Fin sanz Bataille.

Il fu jugié que W. de Planes respondra vers Ysa-
bel de son mariage; ne il ne remaindra pas por la
fin que Gadres de Dreues li frères Ysabel puis nez,
fist o W. dès qu'il ne fist fin par bataille ou par
establie.

LI ESCHEQUIERS DE LA SAINT MICHIEL A FALOISE EN CEL AN MEISMES.

De prouver Aage.

Il fu jugié que li aages de XXI an est prouvez par
quatre tesmoinz jurez.

De l'Aide de l'Ost.

Li chastelains de Gaillon demandoit por le roi
l'aide l'ost à Richard de Harecort por V fieuz de
chevaliers; Richarz dist que il ne devoit pas donner
aide ne fere servise en ost, mès à Biaumont devoit-
il service de V chevaliers par XL jors, à garder le
chastel le roi de Biaumont, et seur ce demanda-il
l'establie; il fu jugié que il l'auroit.

De Dete à Mort.

De dete à mort, il fu jugié que li quens de Bolong-

gne ne puet pas demander sa dete à celui qui est
en religion entrez, mès praigne s'en as oirs et à la
terre.

De celi qui est pris en la forest le roi.

Il fu jugié que li évesques de Sès n'aura pas le
sergent au provoire qui fu pris à présent forfet en
la forest le roi.

D'Éritage.

Il fu jugié que Aceline la suer W. (1) ait l'éritage
Willaume qui est morz, que il acheta en sa vie,
quar elle est sa suer de père et de mère, et Richart
qui estoit frère de mère tant seulement deforceit
Aceline cel héritage.

LI ESCHEQUIERS DE PAQES A FALOISE EN L'AN DE GRACE
M. ET CC. ET IX.

De Requenoissant.

Il fu jugié que la terre veue remaingne à Raoul
d'Argages qui la tenoit, por ce que XI des jurez dis-
trent el reqenoissent que ill i avoit gregneur droi-
ture que ses averssaires, et li dozièmes dist que il
n'en savoit riens.

D'Aumosne.

Il fu jugié que li templiers ne respondront pas à
Willaume (2) de leur asmosne, fors en la cort de
l'iglise.

(1) *Fabri.* (Manuscrit 4651, Bibliothèque royale.)
(2) *Langevin. (Ibid.)*

De Brief.

Eutaces Callot qui estoit dedanz aage prist contre son oncle I brief de la sèsine son père; li jureeur distrent que ses pères fu sèsiz en aucun tens, mès ne savoient pas se ce fu al jor que il morut: il fu jugié que qui tient si tiengne (1). E pluseur tesmongnièrent que li oncles avoit fet à la mère Eustace par concorde, doère de la tierce part de I manoir, si que Eustaces en ait les II parz comme garantisserres del doère.

LI ESCHIQUIERS DE SAINT MICHIEL A FALOISE EM CEL AN MEISMES.

Clers justisiez par son fieu lai.

Il fu commandé à Renaut de Vile Tierri que il justisast Lucas chanoines d'Evreues par son fié lai tant que il feist assoudre Fauque que il avoit fet escomménier por som fié lai.

De Devise de Terre.

Devise corut entre le conte Robert et l'abé de Bernai d'une vergiée de terre et de mains, dehors le herbériage.

De Serement rapelé.

Li jureeur distrent que Willaume (2) qui tient avoit gregneur droit en une terre que cil qui la demandoit; Willaume remest em pès après le juge-

---

(1) Brussel, *Usages des Fiefs*, page 932.
(2) *De Viveriis*. (Manuscrit 4651, Bibliothèque royale.)

ment. En cele meisme assise revindrent li jureeur
et distrent le contraire, et que il avoient mal dit ; il
fu jugié en l'eschequier que Willames oit sa terre
et li jureor en randent à l'aversaire la value sanz
homage.

De Pasture.

Cil qui demandoient as mésiax pature par fieu (1)
distrent que se leur avoir n'aloit en la pasture, il
n'em feroient nule rente as mesiaus ; et por ce fu il
jugié que quant il conoissoient que il n'en fesoient
nule rente ne nul homage, il ne devoient pas avoir
la pasture.

LI ESCHEQUIERS DE PASQUES A FALOISE EN L'AN DE GRACE M. ET CC. ET X.

De Dismes.

Il fu jugié que Richart Poile vilain aille en la cort
de sainte iglise devant ses juges, et i amant ses dé-
fautes, et puis oit le requenoissant (2) des dismes,
que Lucas chanoines d'Evreues li demande : savoir
mon se ce est ses fieuz lais, ou l'aumosne à cel
Lucas (3).

De Justicier les Escomeniez.

Il fu jugié que li évesque ne pueent pas metre
em prison les homes que li bailliz leur justicent

---

(1) *Pasturam feodalem.* (Manuscrit 4651, Biblioth. roy.)

(2) *In curia laica. (Ibid.)*

(3) Brussel, *Usages des Fiefs*, page 839. Il remarque que
les juges de l'Échiquier étaient toujours portés à donner
faveur aux ecclésiastiques contre les laïques.

comme escomeniez, mès li bailliz les doivent tant justicier que il facent ce que il doivent.

De Mariage.

Il fu jugié que à la suer Richart mainct remaint la terre de son mariage qe Richart li demandoit, quar elle fu mariée o cele terre quant elle (1) estoit dedanz aage par le conseil de ses amis.

De Requenoissant.

Il fu jugié que li évesques de Lisius ne puet tenir la porole à la fame Felippe du Pleseiz (2) après le requenoissant du fieu et de gage qui fu jurez en la cort le roi et mis en non savoir.

D'asmosne.

Il fu jugié que Anquetin pot bien almoner la tierce part de son fieu, salve la droiture au segneur del fieu.

Les dimes de fieu de haubert pueent bien estre asmosnées, jà soit (3) ce que elles passent la tierce part de l'éritage.

De Force de requenoissant.

Evesque ne puet tenir plet de dessèsine tant come cil qui la fist soit em pélerinage d'Aubiges (4), et li requenoissant en sera en la cort le roi.

(1) *Ricardus.* (Manuscrit 4651, Bibliothèque royale.)

(2) *Topelin. (Ibid.)*

(3) *Si non excedant.* (Brussel, *Usages des Fiefs*, page 839 et *eodem mss.* 4651.)

(4) *De Aubigeis.(Ibid.)* Albigeois. *V.*Carpentier, *Glossaire.*

LI ESCHEQUIERS DE LA SAINT MICHIEL A FALOISE EN CEL
AN MEISME.

De Mariage.

Il fu jugié que se li mariz ot oirs de sa fame, il
tendra son mariage tant comme il sera sanz fame.

De Mote.

Il fu jugié que li home Raol Chaperon qui mai-
nent en som fié de hauberc, doivent réparer sa
mote à Buene Vilete, ou fere li nueve se il n'en i a
point.

De Sèsine.

Il fu jugié que Adams n'aura pas sa quitence
par la chartre le roi Henri que il a de la mèson où
il maint, quar cil à qui la quitence fu donée n'es-
toit pas sèsiz de la mèson quant elle li fu donée. (1)

LI ESCHEQUIERS DE PASQUES A FALOISE EN L'AN DE GRACE
M. CC. ET XI.

De Fié et de Gage.

Eremborc prinst contre Aalès un brief de fieu et
de gage; il fu juré que celle terre fu as encesseurs

---

(1) *De feodo elemosinato.* Judicatum est quod ille à quo
petit frater portionem debet deliberare hoc quod elemosi-
navit et encombravit de feodis loricæ et escaetis.

· *De recognitione.*

Recognitio currit ad instanciam pueri infra etatem, de
saisinâ quam pater ejus habebat quando ivit in Jerusalem
ubi est mortuus. (Manuscrit 4651, Bibliothèque royale;
Brussel, *Uusages des Fiefs*, page 952.)

Eremborc et qe elle et ses mariz em furent sèsi quant il alèrent en France par la guerre ; mès du gage (1) ne sevent riens li jureeurs : Robert Brunet (*sans doute le bailli*) et autre jugièrent en l'asise que Eremborc eust la sèsine : il fu jugié en l'eschequier que cil jugemenz estoit faus, et ot Aales la sèsine (2).

De plèder devant divers juges.

Se aucuns plède pardevant divers bailliz de son héritage en France et en Normendie, il fu jugiez que jors doit estre assis as parties, si que il ait VIII jors entre II, si que il puissent estre à tor ses jorz.

D'Enfant dedans Aage.

Il fu jugié de Aude (3) qui fu morte puis le derrenier aost, que ses niés qui est dedanz aage, qui en la vie s'aiele estoit ses garanz, aura la sèsine de son doère tant comm il sera dedanz aage, et puis fera ce que il devra (4).

De Fede.

Il fu jugié que li rois fera sa justice d'une fame de la terre au conte d'Alençon qui est convaincue de fede (5).

(1) *De feodo et gagio.* (Manuscrit 4651, Biblioth. roy.)

(2) Brussel, *Usage des Fiefs*, page 1029, remarque qu'il n'est dit ici, directement, ni indirectement, que le bailli ait été pris à partie.

(3) *De avia.* (Manuscrit 4651, Bibliothèque royale.)

(4) Brussel, *Usages des Fiefs*, page 932.

(5) *De fide.* (Manuscrit 4651, Biblioth. royale.)

De Chartres.

Il fu jugié que la chartre à l'évesque et al chapi-
tre de Baieues ne desfant pas home lai sor la terre
que li évesques li dona, se il n'en a la chartre le roi,
ains la recuevre li oirs (1).

LI ESCHEQUIERS DE LA SAINT MICHIEL A FALOISE EN CEL AN MEISME.

De Mariage encombré.

Il fu jugié que li emfes ne respondra pas del ma-
riage encombré par la vente som père (2).

De Requenoissent.

Gilebert de Sagi, demande la sèsine d'une disme
que ses encesseurs ot en sa provende au jor que il
morut, que Hues li deforce; Hues demande le re-
quenoissent savoir mon se celle disme est laiz fiez
ou aumosne? Il fu jugié que Gilebert ait sa sèsine
de la disme, et puis soit fez li requenoissenz (3).

LI ESCHEQUIERS DE PAQUES A FALOISE EN L'AN DE GRACE M. CC. ET XII.

De Fors bani.

Il fu jugié que Hue de Rohes (4), soit for baniz

(1) *Successor* (*episcopi*). Manuscrit 4651; Biblioth. roy.
(2) Brussel, *Usage des Fiefs*, page 932.
(3) Brussel, *ibid.*, page 840.
(4) *De Rôtis.* (Manuscrit 4651; Bibliothèque royale.)

por ce que il a été suiviz en quatre assises de la
mort d'un home et ne vost onques venir avant.

LI ESCHEQUIERS DE LA S. MICHIEL A FALLOISE EN CEL EN MEISME.

De Dismes.

Il fu jugié de la disme de la terre qui est dedanz
les bones de la bande (1) de Euretel, que elle soit
donée à l'iglise à qui la lende apartient (2).

De Bastardie.

Il fu jugié el derrenier chapistre de cel eschequier
fors I, que la querelle de batardie de qoi cil qui
tient se velt desfandre, ne puet durer plus d'un
an (3).

LI ESCHEQUIERS DE PAQUES A FALOISE EN L'AN DE GRACE M. ET CC. ET XIII.

De Eschange.

Il fu jugié que li oirs qui ert en la garde le roi
par non aage, face eschange à touz ceus seur qui
la fame som père recoverra doère, quar elle aura
doère en toutes les terres de que ses mariz avoit la
sèsine quant il l'esposa. (4)

(1) *Londe de Eureceio.* (Manuscrit 4651, Biblioth. royale.)

(2) Brussel, *Usages des Fiefs*, page 840.

(3) *Quando tenens obiit, non potest dari ultra annum.* (Au
Seigneur haut justicier). Brussel, page 960, *eod. mss.*

(4) Richardus Hunout de Costentin conquestus fuit de
Torgisio de Aviou, quod cum iniquè et in pace dei et regis

LI ESCHEQUIERS DE LA SAINT MICHIEL A FALLOISE EN CEL AN MEISMES.

De Terre engagiée.

Il fu jugié que se cil qui a pris terre en gage for-
fet terre, ce ne grieve de riens le deteur; einz en-
querra l'en se il en estoit lors sèsiz comme de ma-
riage (1) ou comme de gage.

De longue Tenue.

Por ce que Willaume de Cortemer requenut en
l'eschequier que li abés de saint Euvrol avoit
tenu em pès par XL anz le moulin que il li de-
mandoit, li abès en remest em pès.

Del dit as Jureeurs.

Por ce que li jureeur del fieu et de gage dient de
la terre que ce est gages, cil qui la demande la re-

mehaignavit in capite, et hoc obtulit probare sicut mehai-
gnatus. Idem Torgisus negavit verbo ad verbum, et obtulit
se defendere sicut debebat. Judicatum fuit quod idem Tor-
gisus inde se permitteret probari per dei judicium ferri
candentis, vel per manum ejusdem Ricardi; et ipse defen-
deret se per manum suam, vel per illud judicium. Prædic-
tus Torgisus respondit quod indè permitteret se probari per
Dei judicium, vel per manum ejusdem Ricardi. Et ideo
judicatum fuit quod idem Ricardus cumdem Torgisum
probaret per judicium ferri, et quod judicium illud por-
tando, per manum suam vadiaret in manu cujusdam sa-
cerdotis. (Guil. Bessin, *Consilia Rotomagencis*, page 110,
primæ partis.)

(1) *Tanquam hereditate. (Eod. mss.* 4651.)

coverra, et li denier qui sont nomé el gage seront le roi.

De gagier Bataille.

Enfes dedanz aage a requenoissent (1).

Il fu jugié que homs qui est em plet ne puet pas gagier bataille de sa main de celle querelle (2), et que il pert del tout la querelle de qoi il la gaja (3).

De Présentement d'Iglise.

Se mes aversaires ne veut atandre (4) le requenoissant as us et as costumes de Normandie: li quiex presenta à une yglise la derrenière persone qui est morte? Je aurai la sèsine del présentement.

Des choses as Chanoines.

Il fu jugié que porceque aucuns des chanoines de Baieues avoient cheviels masures en leur provendes, et cil les amandèrent qui les porsistrent par le consentement de ceus qui orent les provendes devant cez, mès ce ne fu pas par le consentement de l'évesque ne del chapistre, li chanoine qui ore il sont aient les amandemenz qui il sont fet.

(1) *De feodo et gagio. (Eod, mss, 4651.)*
(a) *De alia querela. (Ibid.)*
(3) *De qua duellium gagiavit. (Ibid.)*
Brussel, *Usage des fiefs*, page 962. Preuve, dit-il, qu'il appartenait au juge de décider si le *duel* devoit être admis dans l'affaire dont il s'agissait.
(4) *Sustinere. (Eod, mss, 4651.)*

De celui qui forfet.

Il fu jugié que li rois aura tout le blé qui estoit communs à moi et as autres qui ont forfet terre.

Il fu jugié que emfes qui est dedanz aage ne respondra pas por la cau (1) d'aucun garant que ses pères trest en sa vie.

LI ESCHEQUIERS DE PASQUES A FALOISE EN L'AN DE GRACE M. ET CC. ET XIIII.

De Parties.

Il fu jugié que se mesires Willaumes Pajenel ne veult eslire, al terme qui li est assignez, des parties qui sont fetes de la terre Raol Tesson, la justice le roi eslira por lui.

De Baronie.

Il fu jugié que chascuns de ceuls qui aura baronie à sa part, la tendra del roi en chief (2).

De Mariage.

Il fu jugié que fame ne sivra pas son mariage seur emfanz qui sont dedanz aage, por ce que lor pères en estoit sèsiz quant il morut; mès, se elle velt, elle le porra sivre contre les oirs son mari (3).

De Fiez et de Gage.

Li puis nez ne puet pas suivre brief de fieu et de

(1) *Causâ.* (*Eod, mss,* 4651.) *Causom,* Brussel, *Usage des flefs,* page 932.

(2) Brussel, page 15, *ibid.*

(3) Brussel, page 932, *ibid.*

gage, einz sera boutez arrierre porce que il i a ainz né.

De Borgage.

Il fu jugié que masure o terre qui n'est pas arable (1), qui s'aquite par une rente, est apellée borgages (2).

LI ESCHEQUIERS DE LA SAINT MICHIEL A FALOISE EN CEL AN MEISME.

De Deites à Croisiez.

Il fu jugié que uns croisiéz randist un emfant que il disoit que il tenoit en gage por sa dète, et que il suissist sa dète en la cort de l'igglyse.

De Sèsine.

Il fu jugié que Rogiers d'Amondeville et cil qui tenoient de lui en la baillie de Bonevile, ne pooient riens perdre se il ne fust présenz (3); et que il et si tenant soient en leur sèsine.

LI ECHEQUIERS DE PASQUES A FALOISE EN L'AN DE GRACE M. ET CC. ET XV.

De cestui n'avons nos riens.

---

(1) *Cum terra ronnabili.* (*Eod. mss.* 4651.) *Rationabili.* (Carpentier, *Glossaire,* au mot *Borgage.*)

(2) *Terra vero que so aquitat perse et per servicia deorsum masuras, non est borgagium* (Mss. 4653 A, Bibl. roy.)

(3) *Ipso absente.* (*Eod. mss.* 4651.)

LI ESCHEQUIERS DE LA SAINT MICHIEL A FALOISE EN CEL AN MEISME.

D'Enqueste.

Il fu commandé à Milon de Levée (1), bailli de Costantin, que il enquière savoir mon se Renaut de Coronillon (2) aleva et prist premièrement grunerie en la terre saint Estene de Roam (3), et se einssi est, il l'ost?

LI ESCHEQUIERS DE PASQUES A FALOISE, EN L'AN DE GRACE M. ET CC. ET XVI.

De Veue de Fié.

Il fu jugié que veue de terre soit fete entre les segneurs des fieuz de que li contenz est entr'eus, et cil qui tiennent les fieuz soient à la veue et soit oiz par eus de qui il avoent les fieuz, et puis soit fez droiz.

De Fors bani.

La fame al fors bani qui fut apelez en trois assises et ne vint pas avant, n'aura pas doère; et ce n'est pas buens jugemenz.

De Lignage.

Il fu jugié que se cil qui tient un héritage nie que cil qui en demande sa partie n'est pas de son

---

(1) V. Brussel, *Usage des fiefs*, page 490, ligne 26 a.
(2) Cornillon, Manuscrit 4653 A, Bibl. roy.
(3) *Cadomi.* (*Ibid.*)

9

lignage, se l'en trueve par l'enqueste que cil qui demande soit el degré où il dit, cil qui tient droit perdre la querelle.

De Garant.

Après ce que une terre ot esté venc, cil qui la tenoit avoa son garant en l'assise, si li fu jorz assignez à avoir le et au jor il dist que il ne le pooit pas avoir ; il fu jugié que cil qui demandait eust la sèsine de la terre.

De prouver mort.

Fame prueve la mort son mari par tesmoinz en la cort le roi.

Il fu jugié que la fame veve ait son doère (1), se li oirs ne le garantist si que li oirs en face maintenant eschange à sa suer de ce que elle en avoit en mariage, e que la fame (2) recuevre sus lui ; einssi fu il de Richart de Vilers.

D'Escheoites.

Il fu jugié que les II suers Alienor de Barneville (3) qui sont venues en la pès le roi aient l'escheoite à celle Alienor, salve la droiture à la tierce suer qui est en Engleterre se elle revien en la pès le roi.

De Garant qui est dedanz aage.

Il fut jugié que G. ne respondra pas à H. de la par-

_____

(1) Nisi. (Manuscrit 4651, biblioth. roy.)
(2) L'idua. (Ibid.)
(5) Defuncte. (Ibid.)

tle de la terre qui fu sa mère, que H. demande
par une chartre; devant que li garanz G. soit en aage.

De Parties de frères.

Il fu jugié que parties de terres soient fetes en-
tre Pierre de Homet et ses quatre frères, et que
elle soit partie en V parties, salve la droiture as
autres frères qui ne sont pas présant, quant il
vandront.

De Moulins.

Il fu jugié que dedanz le ban de la mote nus ne
puet fere molin ne à vent ne à eve, ne en fieu de
hauberc, se ce n'est par le congié au segneur.

De l'Eschequier.

Il fu jugié que qui ne vandra le premier jor de
l'eschequier, se ses aversaires s'offre, il est en la
merci le roi.

LI ESCHEQUIERS DE LA SAINT MICHIEL A FALOISE EN CEL
AN MEISMES.

De Molins.

Il fu jugié que nus ne puet fere molin ne à vant
ne en iave el ban de la moite, et que nus ne puet
fere molin fors cil qui a monte; et que tuit li molin
à vent qui puis que li rois de France ot Normendie
ont esté fet ès terres à cels qui n'ont pas monte,
soient abatu, et li moulin a iave autresi, se aucuns
s'em plaint.

De Sergenterie.

Il fu jugié que'se cil qui a sergenterie est dedans nage, il serve par autre (1).

De Requenoissence.

Henris Delport chevaliers requenut à l'évesque de Baeues en l'eschequier que il tenoit de lui III fieuz de chevaliers; et après celle requenoissence, il fu jugié, que il feist partie à som frère puisné si que Henris eslira I fieu, et ses frères I autre, et li tierz remaindra à Henri; et se l'en ne puet savoir comment li troi fié sont devisé, trois parties soient fetes de tout l'éritage, et soient parties si comme nos avons dit.

LI ESCHEQUIERS DE PASQUES A FALOISE EN L'AN DE GRACE M. ET CC. ET XVII.

Il fu jugié que cil qui soutient autrui plet et n'est pas atornez soit en la merci le roi.

Il fu jugié que li abés de saint Estiene de Kaam ait la sèsine des Craspois qui fu pris à Caborc par la chartre au roi Guillaume que li abés en a.

La chartre d'un abé sanz la chartre du covant ne valut riens d'un eschange qui estoit demageus à l'abaie, einz fu dépéciée en l'eschequier.

LI ESCHEQUIERS DE LA SAINT MICHIEL A FALOISE EN CEL EN MRISMES.

De Fame grosse.

Il fu jugié que la contesse d'Alençon qui estoit

(1) Brussel, *Usages des fiefs*, page 932.

grosse d'emfant devoit estre veue , et que li rois la devoit fere garder par persones cónvenables.

De Défaute.

· Il fu jugié que Morises de Visoi receve la sèsine (1) de ce que il avoit pris brief de fieu et de gage , por ce que cil qui la tenoit requenut une défaute après toutes ses essoines et après la veue ; e si fu jugié que cil qui en perdi la sèsine pueit prandre l autre tel brief contre celui Morise.

LI ESCHEQUIERS DE PAQUES A FALOISE EN L'AN DE GRACE M. ET CC. ET XVIII.

De Mariage.

Il fu jugiez que ge doi (2) estre sèsiz del mariage qui me fu donez o ma fame, que sa mère me dona de l'éritage (3), jusqu'à tant que ses frères qui est dedanz aage ait fet à ma fame avenant mariage (4).

De Commune.

· Il fu jugié que li arcevesques de Roem ne respondra pas as borjois de Roem de ce que il se plaignent de lui se li mères n'est présenz.

De Champions croissiés.

Il fu jugié que Champions croisiez qui gage ba-

(1) *Terre de qua ceperat*, etc. (Manuscrit 4651, Bib. roy.)
(2) *Non debeo.* (*Ibid.*)
(3) *Patris.* (*Ibid.*)
' (4) Brussel, *Usages des fiefs,* page 933.

taille de chatel ne la puet fere, et cil qui demande
le chatel le pert.

D'Atornez.

Il fu jugié que uns homs puet bien fere II ator-
nez de II quereles, et chascuns d'euls puet avoir
ses essoines et jurer languor.

D'Yglise et de Lai.

Il fu acordé par les évesques et par les barons de
l'eschequier que se il a contenz entre iglise et lai de
chose que l'iglise tiegne et de que li lais dié que ce soit
ses fiez lais ou de chose que li lais tiengne de que l'iglise
die que ce soit s'almosne, li requenoissenz en sera fez
en l'ostel le roi par XII chevaliers prouchains de la
chose qui sera veue par la justice, se il i puent
estre trové, et, se il ni sont trové, il sera fez par
XII autres léaus hommes prouchains de la chose;
e se l'iglise dit que elle oit tenu em pès par XXX anz
la chose de que li plez est, et qui a esté veue, et
comme s'almosne, et il est einssis requeneu, li lais
sivra sa droiture en la cort de sainte iglise: e se li
lais dit que il l'ait tenue em pès par XXX anz comme
son fieu lai, et il est einssi requeneu, l'iglise suivra
sa droiture en la cort le roi; et en l'un cas et en
l'autre, se li requenoissanz parole, de plus cort
terme, lors sera fez requenoissanz, se ce est fiez
lais ou almosne (1).

(1) V. Le Rouillé, f° 154 v°, ancien Cout, chap 111.

LI ESCHEQUIERS DE LA SAINT MICHIEL A FALOISE EN CEL AN MEISME.

De Doère.

Il fu jugié que la fame ne puet pas demander doère de la terre de que la sèsine fu guaengniée contre son mari (1) par jugement et par loi, si comme elle meismes requenoist.

D'Eschanges.

Il fu jugié que li eschanges que Guillaume le filz Haimmon fist as chanoines de Baieues d'une mèson qui est devant l'iglise de Baieues que il tenoit de Fouque Pajenel, ne doit pas estre tenuz fors par l'assentement le roi et par le Fouque, e que Guillaume ait arrieres (2) la sèsine de la mèson, et Fouques la sèsine de sa segnorie, et Guillaumes restort as chanoines tout le damage que ill i ont.

Del vivre as Suers.

Il fu jugié que Felipes de Angniaus doint avenant vivre à sa suer qui est d'autre mère et qui est dedanz aage; et que la suer n'ira pas à la mèson Phelippe por ce que après la mort som père il trest en cause la mère à la pucelle, et dist, quant elle demandoit doère, qe elle n'estoit pas léal fame son père.

(1) *A marito suo.* (Manuscrit 4651, Biblioth, royale.)
(2) *Retrohabeat.* (*Ibid.*)

De Patronage d'Yglise.

Il ot requenoissant entre l'arcevesque de Roem et un chevalier del patronage d'une yglise ; si guaengna li arcevesques par le serement des jurez qui furent examiné chascuns par (1) soi.

LI ESCHEQUIERS DE PASQUES A FALOISE EN L'AN DE GRACE M. ET CC. ET XIX.

Garantir Don.

Il fu jugié que Luce face gré (2) as templiers de la terre qu'elle leur donna en sa weveté, dès que elle ne leur puet garantir.

De Relief.

Il fu jugié que fiez de hauberc soit relevez par XV livres de tornois.

De Fieu et de Ferme.

Il fu jugié que li requenoissanz doit corre savoir mon se cil qui se plaint de novelle dessèsine estoit sèsiz comme d'éritage, ou como de ferme.

De Garde.

Il fu jugié que aucuns prouchiens del lignage Guillaume de Gouiz, qui morz est, gart sa fille qui est dedanz aage, e que ce soit tiex à qui li héritages à la pucelle ne puisse escheoir par la mort à la pucelle ou de ses suers ; e cil qui l'aura en garde

(1) *Singulariter.* (Manuscrit 4651, Bibliothèque royale.)
(2) *Satisfaciet.* (*Ibid.*)

fera seur ce qe il ne la mariera pas sanz le consseill à ses amis, je di de ses amis de par son père : e si fu jugié que sa mère qui a pris autre segneur, n'en aura pas la garde.

LI ESCHEQUIERS DE LA SAINT MICHIEL A FALOISE EN CEL AN MEISME.

D'Essoine.

Li atornez à l'arcevesque de Roem s'esson ia contre les borjois de Roem.

De Requenossant.

Requenoissanz corut entre (1) les borjois de Roem et Robert Delbois, et li arcevesques guaengna la sèsine.

Li évesque et li baron distrent que li arcevesques de Roem doit venir à l'eschequier le roi et à l'asise en la cort le roi par la semonse des bailliz le roi, e que ill i virent venir l'arcevesque Gautier (2).

De Parties.

Il fu jugié que la rante que Gillan de Pomeroie donna à Guillaume de Deman, son neveu, doit revenir à partie o toute l'escheoite Gillan entre Guillaume et les autres oirs Gillam, qui sont cousin Guillaume.

---

(1) *Inter archiepiscopum.* (Manuscrit 4651, Bibl. royale.)

(2) Brussel, *Usage des fiefs,* page 821, 822. Il a été dérogé à cet arrêt par un autre du parlement de 1288.

Brussel dit, *ibid.,* que l'archevesque de Rouen était tenu de faire le service *de court et de plaits.*

D'Anfant dedanz aage.

Il fu jugié que li filz dedanz aage à celui qui est em pélerinage, remaingne en la sèsine soim père tant que l'en soit certains de sa mort ou de sa vie (1).

De Mise.

Il fu jugié que se uns des amis qui fu nommez à la mise est malades si que il ne se puet entremetre de la mise o les autres, cil qui le noma soit contrainz de metre I autre en lieu de lui.

De l'Abé de Sès.

Il fu jugié que il soit enquis comment li abés de Sès usoit de ses chartres de l'usage qu'il avoit ès forez au conte Robert d'Alençon quant li quens morut et en l'en que il morut, (2) et ses filz qui est dedanz aage soit en la garde le roi.

De Deite.

Il fu jugié que Grandins pait à Estiene la dete qe il dut au père Esteune, laquelle dete li pères dona à Esteune, quant il le maria, si comme il est contenu en la chartre au père, si que il ne remaingne pas por la chartre au père de quitence que Grandins mostre (3), quar il apert bien que elle fu fete puisque li dons fu fez à Esteune.

(1) *Vel redditu.* (Manuscrit 4651, Biblioth. roy.)

(2) *Cùm filius ejus infra etatem sit in custodia domini regis.* (*Ibid.*)

(3) *Non obstante carta ejusdem patris de quitatione debiti quam Grandinus ostendet.* (*Ibid.* 4651.)

De Clerc marié.

Il fu acordé par les évesques et par les barons que se aucuns qui ait corone ou abit de clerc prant fame, face de son lai fieu que il tient, au roi et as autres segneurs ce que li fieuz doit; et del borgage, ce li autre borjois font: et el borc et el lai fieu soit fete la justice por tot ce que il doivent sus toz les chatex qui il sont troyé. Mès se il recoit corone et abit de clerc, puisque il ot pris fame, il fera del borgage et de son fieu lai comme lais, et sera tretiez à manière de lai (1).

LI ESCHEQUIERS DE PAQUES A QUAAM EN LAN DE GRASCE
M. ET CC. ET XX.

Del Vivre à la fame.

Il fu jugié que la fame à celui qui est en Jérusalem, ait son vivre de la tierce partie de l'éritage son mari, dès que les II parties sont atornées à aquiter soi as juis.

De Pélerin.

Il fu jugié que cil qui tient ne respondra pas à celui qui demande por ce que il trest à garant 1

(1) Brussel, *Usage des fiefs*, page 845. Il dit, page 843, *ibid.*, que les clers mariez ne contribuaient point aux impositions, et qu'ils se prétendaient francs de toute redevance par rapport à leurs héritages. — *Voyez* aussi Dom Bessin, *Consilia Normaniæ* page 128, il donne en note une bonne définition du chatel.

pélerin qui estoit outre mer, cinz aura terme 1 an
et 1 jor.

D'Eschange.

Il fu jugié que Robert de la Poterie ne pot pas
donner en eschange le fieu le roi.

LI ESCHEQUIERS DE LA SAINT MICHIÊL A FALOISE ÉN CEL
AN MEISMÈS.

Des Borjois de Bernai

Il fu jugié que tuit li borjois de Bernai qui es-
toient en la vile quant li juis fu ocis, qui ne vin-
drent au cri, sont en la merci le roi, sé chascuns ne
s'en desfant par une loi soi siste main (1).

De Juis ocis.

Li baron dient que se crestien ocit juis, ou juis
crestien, li rois en enquerra, et puis en fera sa vo-
lenté (2).

De garde Filles.

Il fu jugié que la mère gart les personnes de ses
filles, o le vivre qui lor est assignez.

(1) *Per legem sexta manu preter suam.* (Mss. 4651, Bib. roy.)
Per legem sextaniam partem suam defendat. En cela le roi
ou le baron ne faisait que veiller à la conservation de sa
propre chose, puisque la personne du juif lui appartenait.
(Brussel, *Usage des fiefs*, page 602.)

(2) Les seigneurs auraient toujours de la peine à se dé-
fendre de partialité dans les affaires où il s'agirait de meur-
tre d'un Juif par un Chrétien, ou d'un Chrétien par un Juif.
(Brussel, *Usages des fiefs*, pages 602, 603.)

LI ESCHEQUIÉRS DE PASQUES A FALOISE EN L'AN DE GRACE
M. ET CC. ET XXI.

De Requenoissant.

Uns requenoissanz corut entre le roi et l'arce-
vesque de Roem, del patronage d'une yglise; si
guaengna li arcevesques par le serement des ju-
reeurs, qui furent examiné chascuns par soi (1).

De Costume.

Il fu jugié que li home de Parfont ru Lesque-
lim, et de Longue raie (*qui*) sont costumier el bois
Lemfroi de la pasture, et requenoissent que ill i
viennent quant il weilent, randant (2) à l'abé de
Quaam les costumes et les rentes que il doivent por
la pature, viegnent i ou ne vienent (3), ou il per-
dent leur usage.

(4) Por ce que Pierres de saint Pere s'essonia de-
hors Avrenches contre monsegneur Fouque Pajenel
par que (5) la terre et esté veue, et il fu veuz
le jor meisme en l'entrée de la méson ou l'en tenoit
l'asise, si come de VII home, en que il se consen-
tirent, li VI le recordérent, et li seticsmes dist que
il l'avoit veu en la vile d'Avrenches; l'ésoine ne

(1) *Singulariter.* (Manuscrit 4651, Biblioth. royale.)
(2) *Reddant.* (*Ibid.*)
(3) Brussel, *Usage des fiefs,* page 597; Guyot, *Répertoire
de Jurisprudence,* au mot *Cornage.*
(4) *De Petro de Sancto Petro.* (Mss. 10390—2, Bib. reg.)
(5) *Post terram visam.* (Mss. 4651.)

fu tenue por nule (1), et Pierres perdi la sessine de
la terre.

D'aide d'Ost.

Il fu jugié que li chevaliers qui requenoist qe
il tient de l'abé de Jumieges I fieu de haubere, ne
se puet desfandre que il ne pait l'aide de l'ost,
quant elle est prise del don le roi, dès que li abés
ne s'em puet desfandre et que li abés ne pucit autre
envoier en lieu de cel chevaliers, quant li rois prant
le service de l'abé ; portant que li chevaliers vuelle
en sa propre persone fere le service que il doit de
son fieu.

De mise entre Frères.

Il fu jugié que puis que Adams de Tornai (2)
se mist en amis contre son frère, il ne pucit pas
envoier essoine de voie de cort (3).

Del vivre as Suers.

Il fu jugié que li frère de Huchom truissent à
leur suer vivre avenant I an et un jor, et se il ne
la marient avenantment dedanz ce terme, il li facent
avenant mariage (4) à père et à mère par la costume
de Normendie, si que chascuns mete avenantment
el mariage, selonc la partie que il a.

(1) *Reputata est essonia pro nichilo.* (Manuscrit 4651, Bibliothèque royale.)

(2) *De Cornaio.* (*Ibid.*)

(3) *Potest mittere essonium de viâ curie.* (*Ibid.*)

(4) *De hereditate patris et matris.* (*Ibid.*)

De Bataille.

Il fu commandé que champion viegnent de ci en avant à faire leur bataille dedanz eure de midi (1), autrement il sont en défaute. (2)

LI ESCHEQUIER DE LA SAINT MICHIEL A QUAAM EN CEL AN MEISME.

De sostenir Jugement.

Il fu jugié que la fame Pierre Loré, ne tandra pas le jugement qui devoit estre fet entre Pierre et un autre, dès qe Pierres morut einz que li termes del jugement venist.

(1) *Ad dies sibi positos.* (Mss. 4651, Biblioth. royale.)

(2) Brussel, *Usage des fiefs*, page 963. Il appartenait au juge, dit-il, de décider si l'un ou l'autre des champions n'avait point contrevenu à quelqu'une des règles du *Duel.*

De Usagio foreste. (Mss. 10390—2.)

Judicatum est quod foristaria que habet tocagium suum et escoragium suum in foresta de Bons Molins, que destructa est modo de arboribus, nichil in ea capiet, sicut in herbagio vel in brueria, vel habebit, nisi tantum estocagium vel escoragium, cum in foresta illâ evenerit. (*Eodem mss.* 4651.) Voyez les Glossaires de Ducange et de Carpentier, au mot *Escoragium* : J'ai essayé de traduire ce jugé ainsi qu'il suit :

Il fut jugé que le forestier qui a le droit de prendre du bois et celui d'enlever des écorces dans la forêt de Bons-Moulins, qui est maintenant privée d'arbres, n'y prendra rien, de même que dans l'herbage ou dans la bruyère, et n'y aura rien, si ce n'est lorsque les droits de prendre du bois et celui d'enlever des écorces pourront avoir lieu dans cette forêt.

LI ESCHEQUIERS DE PASQUES A QUAAM EN L'AN DE GRACE
M. ET CC. ET XXII.

De Chartres.

Il fu jugié que la chartre l'évesque et al chapis-
tre de Baieues, desfant celui à qui li évesques de-
mandoit une terre; quar il fu requeneu que celle
terre n'estoit pas del demaine l'évesque, einz estoit
fiez qui estoit muez d'une main en autre.

LI ESCHEQUIERS DE LA SAINT MICHIEL A QUAAM EN CEL AN
MEISME.

De Juis et de Crestien.

Il fu jugié que uns juif randist à I crestien sa
mèson que il avoit loée, en que li juif menoit,
porceque il fu requeneu que la mèson fu arsse del
feu al juif (1).

D'Enqueste.

Une enqueste corut savoir mon se une terre
avoit esté donée à aucun à sa vie ou non.

De Batardie.

Il fu jugié que la fille Thomas de Périers en Cos-
tentin ait la sèsine de l'éritage (2), que il ne de-
meurt pas por ce que si aversaire dient que elle est
batarde (3).

(1) Brussel, *Usage des fiefs*, page 601. La présomption,
dit-il, était toujours contre les Juifs, tant on se méfiait d'eux.

(2) *Patris sui.* (Mss. 4651, Bibl. roy.)

(3) Brussel, *Usage des fiefs*, page 957. Il dit qu'ancien-
nement le batard ne pouvait succéder à ses parents, pas
même à son père.

De Juis.

Li juif ne pueent pas tenir tenemenz à saint Père seur Dive malgré l'abé qui est sires de la vile (1).

De Fin.

Jehans de Preoloi (2) et Marguerite sa fame firent fin por C livres à paier à II eschequiers por la terre Richart de la Chose (3) qe il devoit avoir de l'escheoite Jehan de la Chose (4) et de ces deniers furent plege à Maris de Gaçi, Fouques de Launoi, Robert de Poles.

LI ESCHEQUIERS DE PASQES A QUAAM EN L'AN DE GRACE M. ET CC. ET XXIII.

De Recort.

Cil qui demandoit le recort seur ce que il disoit que il avoit esté jugié en assise, que il ne devoit pas dilec en avant (5) son fieu de son seigneur, dist que il savoit bien nommer III de cels dont il demande leur recort, les autres, il ne voloit nommer ne ne savoit; il fu jugiée que li sires qui tenoit la terre remaindroit em pès.

---

(1) *In vico abbatis dictæ villæ.* (Brussel, *Usages des fiefs,* page 592.)

(2) *De Poleio.* (Mss. 4651, Bibl. roy.)

(3) *De Rosa. (Eod. mss.)*

(4) *Plegius d'Mouricius de Gaccio et Fusco de Alueto, Robertus de Polo. (Eod. mss.)*

(5) *Tenere. (Eod. mss.)*

D'Asmosne.

Il fu commandé que li abés de Babère, par la chartre au cónte de Meulant et au roi Henri, ait la terre que Robert Marmion li aumosna, quar les chartres conferment les dons et les aumosnes que li moine porront aquerre el fieu Robert Marmion qui fu pères à ce Robert et fonda l'abaïe.

De vendre chose amosnée.

Il fu commandé à l'abé de la Luiserne que il vande dedanz I an, la mèson que ill ot del don Hue le chanoine à tel home qui en face au roi ce que elle en doit fere.

LI ESCHEQUIERS DE LA SAINT MICHIEL A QUAAM EN CEL AN MEISME.

De Présentement.

Por ce que li juré distrent que il ne savoient pas quex patrons avoit présenté à une yglise la perssone qui estoit morte, mès il savoient bien que il randoit de lonc tens à labé de Lesse pension d'an en an, li abès de Lesse ot le présentement par le jugement de l'eschequier.

D'enqueste.

Il fu jugié que li rois puet fere enqueste de sa droiture del tens del corronement au roi Richart. (3 septembre 1189.)

D'Atorne.

Il fu jugiez que li atornez Raol et Rogier frères respongne à Willaume leur frère qui ot terme de lan-

gor, si que il ne remaigne pas por la croiz que il
a prise, et Raols et Rogier porront atorner l'autre,
se il vuelent, si que tuit li errement au premier
atorné li soient conté.

LI ESCHEQUIERS DE PASQUES A QUAAM EN L'AN DE GRACE M. ET CC. ET XXIV.

D'Ainz né.

Il fu jugié que se aucuns a filz et il marie l'ainz
né, et cil ainz nez muert et il a un filz, li filz a
l'ainz né aura de l'éritage son aiel ce que ses pères en
eust se il vesquist: e se cil ainz nez avoit aucune
partie de la terre som père, et ce est requeneu, se
ses filz est dedanz aage, li frere som père ne respon-
dront pas à lui devant que il soient en aage; ce
n'est pas orandroit gardé, je ne sai comment ce
est.

LI ESCHEQUIERS DE LA SAINT MICHIEL A QUAAM EN CEL AN MEISME.

De Sergent d'Abaïe.

Li borjois de Qaam requenoissent que il ne doi-
vent pas prandre taille des VII sergenz de l'abaïe
qui font leur mestiers en l'abaïe, se il ne maïnent
marchaandise en la vile de Quaam.

LI ESCHEQUIERS DE PASQUES A QUAAM EN L'AN DE GRACE M. ET CC. ET XXV.

De Mariage as Suers.

Il fu jugié que li emfant Pierre Beuron ne res-
pondront pas à leur neveuz de leur suer qui est

morte, del mariage à cele suer, porceque quant leur pères morut, il estoit sèsiz de celle terre qui est demandée, et la suer n'en ot onques sèsine ; et ce fu jugié por ce que li emfant estoient dedanz aage.

De Fiefement.

Il fu acordé par les évesques et par les arcevesques et par les barons que se aucuns fieve à aucun ou done sa terre por service ou por deniers, li dons ou li fievemenz soit oiz en assise qui oit recort, e se avenant rente en est retenue, selonc la valeur del don', li dons doit estre tenuz ; se poi de deniers sont doné por cel don, ou petite rente en est retenue, se aucuns del lignage à celui qui a fet le don velt avoir cel marchié, il l'aura, saus les dons et l'esfiefemenz qui furent fet devant cest acordement (1).

D'Éritage et de Chatel.

Il fu acordé par les barons et par les évesques,

(1) *De Recognitione rente.* Recordatum est per episcopos et barones, quod si aliquis alicui feodaverit vel terram dederit, vel redditum per servitium, vel per denarios, in assisiâ que recordationem habet donum illud et feodalio illa audiatur, et si retentus fuerit redditus competens secundum valorem doni, debet teneri donum illud ; si vero pecunia data fuerit pro dono illo et parvus redditus sit retentus, si aliquis de genere illius qui donum fecerit mercatum illud habere voluerit, illud habebit, salvis donis et feodationibus ante accordationem istam. (Manuscrits 4651, 4653 A, Biblioth. roy.)

que se uns homs demande héritage, cil qui le tient ne li pueit pas demander chatel, devant que la première querelle soit terminée, se (1) cil qui demande n'est suiviz de murtre ou de larrecin.

LI ESCHEQUIERS DE LA SAINT. MICHIEL A QUAAM EN. CEL AN MEISME.

De Servise le Roi.

Il fu jugié que se uns chevaliers doit le servise le roi par la main d'un évesque ou d'un baron de qui il tient, et ses sires l'en semont, et il se défaut; se il en est convaincuz en l'ostel (2) le roi, ou en celle à l'évesque, ou en celle au baron, il est tenuz à son segneur à la painne que li sires encort envers la loi (3), par la défaute del chevalier; et la demande doit estre jugié avenantment par la cort le roi, se ill i est convaincuz; ou par celle à l'évesque ou à baron, se ill i est convaincuz (4).

De Département.

Il fu jugié que cil (5) qui quiert à départir de sa fame par l'autorité l'apostoille, truisse avenantment à sa fame, ce que mestiers li est, tant comme li plez dure.

(1) *Nisi.* (Manuscrit 4651, Bibliothèque royale.)

(2) *Curià. (Ibid.)*

(3) *Dominum regem. (Ibid.)*

(4) Brussel, *Usage des Fiefs*, page 170. La semonce, dit-il, devait être faite à chaque vassal par son suscrain. Il y fut dérogé par un arrêt de l'Échiquier de 1282 qu'il rapporte.

(5) *Dominus de Feritate.* (Manuscrit 4651, Bibl. roy.)

De Bataille.

Il fu jugié que bataille gagiée ne soit nule (1) dèsque il n'ot nul chevalier à la veue (2).

LI ESCHEQUIERS DE PAQUES A ROEM EN L'AN DE GRACE M. ET CC. ET XXVI.

Des senz d'Abaïe.

Il fu commandé que li VII sergent à l'abé de Quaam soient quite de chevauchiée et d'ost et de tailles.

LI ESCHEQUIERS DE LA SAINT MICHIEL A QUAAM EN CEL AN MEISMES.

D'Aide de l'Ost.

Il fu jugié que de l'aide de l'ost puet corre briès de novelle dessèsine (3).

LI ESCHEQUIERS DE PASQUES A ROEM, EN L'AN DE GRACE M. ET CC. XXVII.

De Recort.

Il fu jugié que cil qui demande recort de VII hom de que li troi sont sachant de la chose, et li quatre non sachant, il pert à fin (4).

(1) *Duellum vadiatum nullum sit.* (Mss. 4651, Bibl. roy.)

(2) Brussel, *Usage des Fiefs*, page 964. Voyez ci-dessus, page 143, même titre.

(3) Houart, *Dictionnaire de droit normand*, tome 1er, page XXI. *In fine*, Tableau chronologique.

(4) Il fallait, pour qu'il fût réputé qu'il y avait record d'assises, que des sept juges il y en eut au moins quatre qui disent qu'ils étaient mémoratifs du fait sur lequel on les recordait. (Brussel, *Usage des Fiefs*, page 591.)

De Défaute.

Il fu jugié que cil pert sa querelle à fin, qui disoit qu'il avoit guaengniée por les défautes monsegneur Robert de Poissi, quart il fu jugié que les défautes n'estoient nules (1) por ce que il estoit el service le roi à Quaam.

LI ESCHEQUIERS DE LA SAINT MICHIEL A QUAAM EN CEL AN MEISME.

De Mise.

Il fu jugié que cil qui estoient suivi de l'arson d'une mèson et se mistrent à fin en amis, facent les pèlerinages et les autres choses qui sont jugiées.

LI ESCHEQUIERS DE PASQUES A ROEM EN L'AN DE GRACE M. ET CC. XXVIII.

De Doère.

Il fu jugié que li rois contraindra par terre et par chatel la fame feu Pierre Malvoisin de cesser de la demande de doère que elle fet vers Robert de Cortenai, en la cort de sainte yglise.

D'Enqueste.

Il fu jugié que li rois face enqueste sus la fame Pierre de Cotes de la mort à celui Pierre, et puis en face sa volenté.

De Suite.

Il fu jugié qe Nicolas Carboutel ne respondra pas envers Tornemole, de la suite que il fesoit en-

_____

(1) *Quòd deffectus nulli essent.* (Manuscrit 4051, Bib. roy.)

vers lui de la traïson le roi, qui disoit que il avoit troyé en 1 cymetière o autres (1) parlant de la traïson le roi.

De l'Emfant mort né.

Il fu jugié que l'en enquerra de l'emfant qui fu trait del ventre sa mère: savoir mon se il vesqui puis.

LI ESCHEQUIERS DE LA SAINT MICHIEL A QUAAM EN CEL AN MEISME.

Uns Homs ne puet estre siviz de II choses.

Il fu jugié que uns chevaliers qui estoit suiviz de ses membres, ne respondra pas de son héritage tant comme la suite durra.

(2) Il fu jugié que Alains de Loceaus (3) est tenuz à dire savoir mon se cil qui se fet oïr som père est fiulz son frère (4) ou non.

LI ESCHEQUIERS A ROEM A CELE MEISME FESTE, ET EN CEL AN MEISME.

D'Essoine.

Il fu jugié que li atornez Robert Porchet ne se puet essonier contre la dame de Biaumont, del suen que elle demande à Robert et à son procurateur.

(1) *Quos ignorabat.* (Manuscrit 4651, Bibl. roy.)
(2) *De Bastardia.* (Manuscrit 10390—2, *ibid.*)
(3) *De Loncelo.* (Manuscrit 4651, *ibid.*)
De Drucellis. (Manuscrit 10390—2, *ibid.*)
(4) *Patris.* (Manuscrit 4651, Bibl. roy.)
Fratris. (Manuscrit 4653 A *ibid.*)

LI ESCHEQUIERS DE ROEM A PAQUES EN L'AY DE GRACE M. ET CC. ET XXIX.

De Doère.

Il fu jugié que li oirs qui est en la garde le roi, face eschange del doère que la fame son père recuevre sus le prieur de Guerarville.

LI ESCHEQUIERS DE LA SAINT MICHIEL A ROEM EN CEL EN MEISME.

De Doère.

Il fu commandé que Maheut oit doère de la terre son mari, que il ne remaingne pas por ce que il morut en Engleterre.

De Dessèsine.

Il fu jugié que se aucuns a dessèsi l autre d'aucune terre, et ce est seu par l'enqueste, les essues de la terre li soient rendues par l'enqueste des voisins.

De Mariage encombré.

Il fu jugié que nus aages ne puert nuire à fame veve que elle n'oit dedanz l'an et le jor le requenoissant de son mariage encombré, e se elle ne le demande dedanz l'an, l'en ne l'en respondra pas puis.

De Croisiés.

Il fu jugié que li croisiez qui est siviz de la mort d'un home (1), ne doit pas estre forsbaniz tant com-

(1) *Officialiter redditus.* (Manuscrit 4655 A.)

me il est en son pélerinage, et quant il sera revenuz
si fera droit.

De ratrère Vente.

Il fu jugié que se aucuns ratret vente par reson
de lignage, se aucuns qui soit plus prouchiens del
lignage li veut randre les deniers dedanz l'an, il
aura la vente.

D'un Provoire.

Mésire Guillaume li prestres lessa toute la cla-
meur que il fesoit vers l'abé de Quaam, del patro-
nage de l'yglise de Widefontainne.

De Brief.

Il fu jugié que reconnoissant de fieu et de guage
ne corra lors depuis le coronement au roi Richart.
(3 septembre 1189.) (1)

D'Enqueste.

Il fu jugié que la novelle dessèsine del pasturage
de Goiberville seront enquis (2) nom pas par ceuls
qui sont joignant au pasturage, mès par autres les
plus prouchiens à ices jognanz.

De Defaute.

Il fu jugié que Robert du Nuef Borc, qui est en
la garde le roi, ne doit avoir nul damage ès querelles
qui estoient entre lui et Fouque Pajenel, porceque

(1) V. Le Rouillé, fol. 154 v°, ancienᵉ coutᵉ, chapᵉ 111.
(2) *Inquiretur.* (Manuscrit 4651, Bibl. roy.)

il ne s'aparut (1) onques contre Fouque; e por ce sera pris li héritages en la main le roi (2).

LI ESCHEQUIERS DE PASQUES A ROEM EN L'AN DE GRACE M. ET CC. ET XXX.

Des Hospitaliers.

Il fu jugié que les croiz fussent ostées de desus les mèsons du Pont l'évesqe en que li ospitalier demandoient juridicion comme en leur asmone propre, jà soit ce qu'il n'i eussent nule segnorie, fors de XII deniers (3) ou de II sols (4) tant seulement (5).

LI ESCHEQUIERS DE LA SAINT MICHIEL A ROEM EN CELL AN MEISME.

De Nans.

Il fu jugié que Robert Malet aura ses choses à gagé et à plege, et puis respondre por que il ne randi les nanz monsegnor Maheu de Monmoranci al commandement le roi.

De l'Aide de l'Ost.

Il fu jugié que li évesques de Lisius aura l'aide de l'ost telle comme li rois li a donée, et li seurplus

---

(1) *Cum ipse in jure nulla die compromissus versus eumdem Fulconem.* (Manuscrit 10590—2, page 201.)

(2) De la Roque, histoire de Harcourt, tome 3, page 154.

(3) *De reddita* (4) *vel circiter* (5), *et ideo (imo) volebant illos homines versus omnes gârantisare.* (Manuscrit 4651, 4653 A, Bibl. roy.)

que il demandoit à ses chevaliers qui pledoient
contre lui, soit terminé par droit (1).

LI ESCHEQUIERS DE PASQUES A ROEM EN L'AN DE GRACE M. ET CC. ET XXXI.

De longue Tenue.

Il fu jugié que li abbés de Préaus ne respondra
pas de ci en avant contre Robert de Bretone ne
contre ses oirs, del fieu de Lespinoi de que li con-
tenz estoit entr'eus, por ce que li abbés avoit tenu le
fieu XXX anz ou plus. (2).

De Patronage d'Iglise.

Il fu jugié que li requenoissanz ne corra pas, qui
présenta la derrenière persone à l'iglise de Kaenne-
vile, devant que la persone sera morte que li éves-
ques de Lisius dit qui vit encores.

De Tailles.

Il fu commande que li home à la chevalerie del
temple soient quite de tailles.

(1) Judicatum est quod dominus rex habeat custodiam
heredis de Guerponvile, nam pater corum tenebat apud
Rothomagum in capite de ducatu terram et masuras de
quibus matertere sue fuerunt maritate, et apud Fiscanum
unam masuram quam antecessores sui dederunt in elemo-
sinam Sancto Egidio de Bouquarville de qua pater ejus erat
garantus. (Manuscrit 4651, Bibl. roy.)

(2) Voyez M. Arthur Beugnot, *Essai sur les institutions de
saint Louis*, page 345.

LI ESCHEQUIERS DE LA SAINT MICHIEL A ROEM EN CEL AN MEISME.

D'Atorné.

L'abeesse de Mostier Viler, atorne Thomas Le Clerc en cauz en lieu de lui, et une seue nonain en Normandie outre (1) Sainne, là où elle ne porra estre.

De Garde.

Il fu jugié que desque R. de Berron (2) garantissoit que Gautier Pipart (3) avoit la garde des filles Felippe Pantouf (4), quant il commencièrent à plèder de la partie (5), por ce que les filles sont dedanz aage, il ne pueent fere de l'éritage riens qui vaille en derriere Gautier Pipart, porce que elles sont en sa garde, et quanque en a été fet ne vaut riens.

LI ESCHEQUIERS DE PASQUES A ROEM EN L'AN DE GRACE M. ET CC. ET XXXII.

De Quitence.

Il fu jugié que li abés de Sès ait quitence del pasnage de ses porciaus as propres usages de sa

(1) *Circā.* (Manuscrit 10390—2.)

(2) *Hermerius de Boiron domini regis Baillivus.* (Manuscrit 4651, Bibl. roy.). Berruyer de Borron. Brussel, *Usages des fiefs,* page 489.

(3) *Pirant.* (Manuscrit 4651, Bibl. roy.) *Parant.* (Manuscrit 4653 A, *ibid.*)

(4) *Pantoul. (Ibid.)*

(5) *Sua (Ibid.)*

mèson en la forest del Bur, et ès autres forez le roi,
par la chartre que il en a ; ne porquant il ne les
puet pas achater por revandre.

De Jurée.

Il fu jugié del requenoissant de novelle dessèsine
qui fu jurez en Costentin entre II homes, en quoi
troi cousin au demandeur jurèrent seur le desfans
au bailli, que il soit tenu si comme li IX jurèrent;
et li troi cousin soient en la merci le roi por ce que
il jurèrent seur desfens.

De Quitence.

Il fu jugié que li home saint Vigor, et cil de
Balente, de Baieues soient quite de toutes costu-
mes et de toutes fesences à Baieues, si comme il
suelent estre, se (1) il sont marcheant.

De Moulins.

Il fu jugié que nus ne puet fere molin à vant ne
à cheval, ne à iave, se il n'a moute, ou se il ne la
doit avoir; et se cil qui a moute ou qui la doit
avoir et n'a pas moulin, vent sa moute à aucun de
ses homes, ou il li baille à ferme ou à héritage, cil
homs puet fere molin autresi comme li sires peust,
por la rente que il en rant al segneur toz les anz.

De Garde.

Il fu jugié que Pierre de Paintevile (2) qui est

(1) *Nisi sint mercatores.* (Manuscrit 10390—2.)
(2) *De Pancoult. (Ibid.)*

dedanz aage, ait la sèsine sa mère si comme elle fu jurée devant monsegneur B. de Borranr (1) ; e se li sires de qui il tient en chief, en velt avoir la garde, il la conquerra au mieulz que il porra par droit (2).

De Chartres.

Il fu jugié que li abés d'Ardane oit la sèsine des II jarbes de la disme saint Mandone, par la teneur des chartres, que li abés et li moine ont de Raoul Teson et de Rogier le Visconte freres qui sont mort, à qui li dons des II jarbes apartenoit par droit d'éritage ; il emportera donc la sèsine encontre les oirs Raoul Teson, et au devant dit Rogier, qui ne contredistrent de riens les chartres, quant il les oirent lire (3), einz s'en partirent por atendre jugement, sanz contredire les chatres, et sanz noier les, et sanz quenoistre(4). E si fu jugié que la sèsine de la disme que Guillaume Pajenel demandoit n'estoit nule (5).

LI ESCHEQUIERS DE LA SAINT MICHIEL A ROEM EN CEL AN MEISME.

De l'Aide de l'Ost.

Il fu jugié que li esvesques de Lisius aura la sèsine de l'aide de l'ost de ses chevaliers par le requenoissant d'eus meismes, ne il ne remaindront

(1) R. de Borron. (Manuscrit 10590—2.)
(2) In feodo. (Ibid.)
(3) In scacario. (Manuscrit 4651, Bibl. roy.)
(4) Brussel, Usage des fiefs, pages 840, 841.
(5) Nulla erat. (Manuscrit 10590—2.)

pas por ce que il li demandoient corroiz (1) que il
lor nioit, et il porchacent lor droiture vers lui.

De non aage.

Il fu jugié que li oirs (2) Guillaume d'Argences
qui est en garde, ne respongne pas vers ses cou-
sins de leur parties devant que il soit en aage (3).

De Sèsine à Ainz né.

Il fu jugié que li filz Egnès (4) la fille Robert de
la Londe, aura la sèsine de la sergenterie, et puis
face à ses entains (*materteris*) ce que il doit.

D'Essoine.

Il fu jugié que Zacharie de Renieres (*De Rivières*)
ne se puet pas essonier del recort de l'eschequier
que il demanda sus le Brief de novelle sèsine, se
il avoit avant eu essoine et défaute.

LI ESCHEQUIERS DE PASQUES A ROEM, EN L'AN DE GRACE M. ET CC. ET XXXIII.

De Costumes.

Il fu commandé que li vandeeur le roi aillent van-
dre ses bois (5) par toute Normendie, et randent
à la gent leur pastures et leur costumes que il doi-
vent avoir là où il verront que bois ne porra crois-

(1) *Conreia.* (Mss. 4653 A, Bibl. roy.) Courlonge, *Droit
de gite.* V. les *Glossaires* de Du Cange et de Carpentier.

(2) *Heredes.* (Manuscrit 4651, Bibl. roy.)

(3) Brussel, *Usages des fiefs*, page 933.

(4) *Annate.* (Manuscrit 10390—2.)

(5) *Porcos.* (*Ibid.*)

tre deci en avant, ou là où il ne se porra desfandre, as us et as costumes de Normendie des bois le roi.

D'Essoine.

Il fu jugié que Richart de Troverbie (1) se puet une foiz essonier envers l'évesque de Lisius, du recort de l'eschequier que il demanda en l'asise de Baieues.

De Garde.

Il fu jugié que la mère à la fille Quatin (2) aura la garde de sa fille o toute sa rente tant que elle ait (3) VII anz, et puis porra aler là où elle voudra et (4) demorer o sa mère, et dedanz ce li mueble à celle fille soient mis en salve garde.

D'Useriers.

Il fu jugié qui li ospitalier n'aient pas le chatel à l'usurier qui morut en lor méson, se einssi est que il se départist de la resséantise le roi et alast maindre en leur méson puisque (5) la convenence fu fete entr'eus et le roi.

De Parties.

Il fu jugié que la sergenterie Robert de la Lande (6) soit une partie par soi (7) et toute l'autre

---

(1) *De Crosleio.* (Manuscrit 4651, Biblioth. royale.)
(2) *Tassin.* (*Ibid.*)
(3) *Vel* XVII *annos.* (Manuscrit 10390—2.)
(4) *Vel.* (*Eod. mss.* 4651.)
(5) *Prius portionem factam, etc.* (Mss. 10390—2.)
(6) *Defuncti.* (*Eod. mss.* 4651.)
(7) *Sit quedam portio per se.* (*Ibid.*)

terre qui fu au devant dit Robert soit partie en trois parties, si choississe li ainz nez laquel partie que il voudra (1).

De Costumes.

Il fu jugié que li homme de Longueville de lez Vernon qui tienent I bois del roi por C muis de vin d'an en an, à la mesure de Vernon, (2) et II deniers de chascun feu ardant, en pueent metre une partie en défens à fere merrien à leur vignes, si que il ne demeurt pas por le contant(3) d'un home ou de II.

LI ESCHEQUIERS DE LA SAINT MICHIEL A ROEM, EN CEL AN MEISME.

De Recort.

Il fu jugié que Morel li juis aport à l'assise de Faloise le recort de l'assise en que il ot la sèsine de la terre Fromont Deponz (4) par jugement de l'assise, si comme il dit.

De Disme.

Il fu comandé as homes qui sieent leur blez de leur mains (5) ou par lor deniers, qui en vuelent prandre leur loiers ainz que il paient la disme, que il le facent as us et as costumes des lieus. (6)

(1) *Hoc est dubium nisi essent quatuor fratres.* (Mss. 4651.)

(2) *De quolibet igne ardenti debent habere duo denarios et possunt, etc.* (Manuscrit 10390—2.)

(3) *Non obstante contradictione.* (*Ibid.*)

(4) *Militis.* (*Ibid.*)

(5) *Ad denarios suos.* (*Ibid.*)

(6) Judicatum est quod maritus potest atornare uxorem suam ad petendam terram et ad sequendam querelam. (*Ib.*)

De Vente.

Il fu jugie que la fame weve ne puet pas rapeler la vente que ses cousins fist, puisque li anz est passez, ne li emfes quant il vandra en aage.

De Gage.

Il fu jugié que la mère puet doner la tierce part de son héritage à qui que elle veult, et baillier en en gage à marier sa fille, se il li plest, jusqu'à la valeur du tierz.

LI ESCHEQUIERS DE PASQUES A ROEM EN L'AN DE GRACE M. ET CC. ET XXXIIII (1).

D'Escommeniez.

Il fu jugié que (2) Zacharie Pajenel respondra vers Robert du Nuef-borc, qui ne remaindra pas por la sentence (3) à l'évesque de Sès, dès que li évesques d'Ewreues, qui resséanz il est, ne le tient pas por escomeniez.

De non Aage.

Il fu jugié que li emfes qui est dedanz aage ne respondra pas vers le cosin son père (4) devant qe il soit en aage.

(1) Judicatum est quod domina que remansit in saisina mariti sui, habebit preventus suc dotis à morte viri sui. (Manuscrit 4651, Bibliothèque royale.)

(2) *Archidiaconus.* (Ibid.)

(3) *Non obstante sententia judicum et episcopi sagiencis.* (Ibid.)

(4) *De saisinâ patris sui.* (Manuscrit 10390—2.)

De Dismes.

Il fu jugié que li prestres de Varavile (1) ait la disme des prez de sa paroisse où il ot terre guaengnable et de qoi il a autre foiz eu disme (2).

De vivre à Filles.

Il fu jugié que les filles Jehan Bondon (3) aient lor vivre de la terre leur père de que leur mère est doée.

De Chartres.

Il fu jugié que une chartre sèsie est provée par une seule chartre sèsie.

LI ESCHEQUIERS DE LA SAINT MICHIEL EN CEL EN MEISME A ROEM (4).

De Wreq.

Il fu jugié que li wereq soit gardez en la main le roi I an et I jor, et se aucuns le requiert dedanz l'an et il prueve que il soit suens, la justice le roi li randra; et se il n'est requis dedanz l'an, il sera randuz à celui à qui il devra estre renduz de droit (5).

(1) *Varavilla.* (Manuscrit 10390—2.)
(2) Brussel, *Usages des Fiefs*, page 841.
(3) *Bordon.* (Manuscrit 4651, Biblioth. royale.)
(4) *Cadomi. (Ibid.)*
(5) Accordatum est quod, si Morellus judeus per recordationem assisie probaverit quod miles quidam vendiderit ei terram suam, terra illa regi loco judei, remanebit. (*Judeo indemni.* Brussel, *Usages des Fiefs.*) Si autem venditio non recordata fuerit, dicta terra militi remanebit. (Manuscrit 4651, Bibl. roy.; Brussel, *Usages des Fiefs*, pages 591, 592.)

De Terre donée.

Il fu jugié que terre donée en mariage de que homages ne fu pas retenuz, ne puet revenir as oirs al donceur se elle est forfete.

De Dimes.

Il fu commandé que li prieurs de Albreval (1) ait la disme de toutes les rentes des essarz des bois de Lichehare. (2)

LI ESCHEQUIERS DE PASQUES A ROEM EN L'AN DE GRACE
M. ET CC. ET XXXV.

De Juis.

Il fu commandé destroitement à toz les bailliz que li cors des crestiens ne soient pris de ci en avant por la dete as juis, et que li crestien ne soient pas contraint de vandre por ce leur héritages.

Il fu commandé que li juis ne preissent nul gage fors par le testemoine de preudes omes et de créables, et se l'en trueve en leur mèsons gages de qoi il n'aient tesmoinz, il soient mené par droit comme crestien.

De Mariage encombré.

Il fu jugié que madame Katerine de Frandres (3)

(1) *Urevallis.* (Manuscrit 10390—2.)
(2) Judicatum est quod homines domini Guillelmi de Nevers (*De Nevrinis.* Decamps, vol. 52, fol. 359 v°, Bib. roy.) possunt contra eum capere breve de super demanda et idem iterum in saisina sua erit. (Mss. 4651, Bib. roy.)
(3) *Destandos.* (Manuscrit 10390—2.)

aura son héritage que ses mariz vandi et encombra et bailla à Chaloth le juif, si que il ne remaindra pas, porce que ses mariz l'avoit (1) atorné en lieu de lui.

Des Oirs au pandu.

Il fu jugié que la fille au pandu n'aura pas l'escheoite som père ne la sa mère (2).

De ce meisme.

Il fu jugié que se aucuns suit I home de ses membres (3) et de larrecin, et il est vaincuz et panduz, si oir auront son héritage, si que il ne remaindra pas por le jugement qui fu fez par les évesques et par les barons et par les chevaliers, de ceus qui sivoient autres de leurs membres, quar li jugemenz ne fu pas fez des héritages, mès des membres.

De Sèsine.

Il fu jugié que li filz à l'ainz né frère aura la sèsine son oncle qui morz est, et pui fera à son oncle puis né ce que il devra. (4)

----

(1) *Eam.* (Manuscrit 10390—2)
(2) *Vel matris sue. (Ibid.)*
(3) *Sive. (Ibid.)*
(4) Judicatum est quod uxor domini Stephani de Scancto Cesare qui (*quæ*) fuit uxor Galerani de Igniaco (*Ibriaco, Ivry.* Brussel, *Usages des Fiefs.*) non habebit dotem in terra de Igniaco, nisi de illa mediate de qua Gallerannus saisitus fuit. Et uxor Goelli defuncti fratris Gallerannis habebit dotem de omni saisina quam Goellus habuit tam ex parte

LI ESCHEQUIERS A QUAAM DEL JOR DE LA FESTE S. MARC,
EN CEL AN MEISME.

De Responsse.

Il fu jugié que li borjois de Honnefluc doivent
avant en voier ou quenoistre le tort (1) fet que il font
al borjois le roi, que (2) il aient jor avenant de res-
pondre, et sont tuit en merci por ce que il ne vo-
loient respondre et por ce que il en atandirent juge-
ment.

De Chartre.

Il fu jugié que li requenoissanz ne corra pas de
l'iglise de saint Lo d'Orville en Costentin, de qoi
contenz estoit entre l'abé de Lesseu de Lessei (3) qui
tenoit et Thomas d'Orville (4) qui demandoit : qui
avoit présenté la derrenière personne et (en)
la devant dite iglise; quar li abés avoit les char-
tres de toz les donceurs, et meesmement la chartre
au roi Henri de comfermement, et les lettres as
évesques, et as officiaus del testemoine de la que-
noissence de la derrenière perssone qui il fu reçeue
au présentement à l'abé devant cestui (5).

patris quam ex parte matris. (Manuscrit 4651, Bibl. roy. ;
Brussel, *Usages des Fiefs*, page 1057 : *Dos*, dit-il, signifiait
douaire, *maritagium*, dot.)

 (1) *Negare vel cognoscere injuriam.* (Manuscrit 10390—2.)

 (2) *Antequam.* (*Eod. mss.*)

 (3) *Exaquii.* (Manuscrit 4651, Bibliothèque royale.)

 (4) *De Quillem.* (*Ibid.*)

 (5) *Antecessoris sui.* (*Ibid.*)

De Sergenterie.

Il fu jugié que sergenterie fievée ne doit pas etre partie.

De Marcheanz de Horefluc.

Il fu commandé que li marcheant puissen vandre poissons frès (1) à Honnefluc autresi comme li marcheant de la vile sanz contredit.

De Garde.

Il fu jugié que li rois aura la garde de la terre qui fu ami de Camericorth que il tenoit de monsegneur Jehan de Clère, par celle rèson que il avoit usage en la forest de Lyons del don le roi Henri d'Engleterre; et li devant dit Jehans est en merci por ce que il en atendi jugement.

De lier Homes.

Mesire Guillaume Murdach est en merci por le mesfet de son home que si sergent lièrent et batirent, et li firent moult de vilanie.

De Parties.

Il fu jugié que la fame qui demande à son cousin sa partie l'ait, et ne remaigne pas por la croiz que il a prise.

(1) *Salsatos.* (Manuscrit 1050—2.)

D'Essoine.

Il fu jugié que li évesques de Sès ne se pot pas essonier por ses ordres, envers le maréchal de Franche, del jor que li rois li avoit asigné.

De Mise.

Il fu jugié que la mise que li évesques d'Avrences et li abés de Quaam firent, ne remaindra pas por les letres au chapistre d'Avrences ; ainz covient que il tiegne la mise que il fist sanz l'asentement de som chapistre.

De Emfant à omecide.

Il fu jugié que li emfes qui fu filz Guillaume le Fevre de la Foilliée ait le mariage sa mère, et ne remaingne pas por ce que ses pères fist ocirre sa mère par nuit.

De Sèsine.

Il fu jugié que li oncles ne respondra pas vers le neveu de la sèsine son père.

De Juis.

Uns noviaus establissemenz que li rois fist des juis, que il vivent de leur propre labeur ou de marcheandise sanz usures ; et d'oster les bordiaus et les foles fames ; que l'en ne receve en taverne fors trespassanz ; des sergenz as juis qui sont es-communiez que il les lessent (1) ; des rentes que li

---

(1) *Ut dimittant eos.* (Manuscrit 10390—2.)

rois doit as yglises, ou as lieus religiex, que elles soient paiées parfetement ; des blez qui sont deu au roi, que il soient receu as termes (1).

LI ESCHEQUIERS A PAQUES A ROEM EN L'AN DE GRACE M. ET CC. ET XXXVI.

De Batardie.

Il fu jugié que li oir Pierre Dupré aient une mèson à Andeli que la fille Gefroi de Chieureville (2) qui morte est, tenoit d'euls, por ce que elle estoit batarde.

De partie de Suers.

Il fu acordé que l'ainz née fille Gautier Trousel aura par les us et par les costumes du Canz (3) le chevel manoir, si que elle face à ses suers eschange de terre.

De Chatel al fuitif.

Il fu jugié que li oir à I home de Longuevile lez Vernon qui estoit suiviz de la mort d'un home, aient les chatex leur père fuitif, porce que il morut einz que il fust forsbaniz.

De Brief.

Il fu jugié que Robert de Wilequier porra sivre le brief de novelle sèsine vers les homes son père, et ne remaindra pas por ce que il est dedanz aage.

(1) Brussel, *Usages des fiefs*, pages 592 et suivantes.
(2) De Caprienville. (Manuscrit 10390—2.)
(3) *Catechi.* (*Eod. mss.*)

De Croisié.

Il fu jugié que li croisié doivent respondre de fieu et de gage et ne remaindra pas por la croiz, ne il n'auront pas terme d'un an et d'un jor.

LI ESCHEQUIERS A QUAAM A CELLE MEISME FESTE EN CEL AN MEISME.

De Recort.

Il fu jugié que li chevalier qui sont réséant en la baillie Pierre Muel (1) ne seront pas osté del recort que cil Pierres demande contre Estienne de Secheville chevalier.

De Mariage à Suers.

Il fu jugié que li pères qui maria II de ses filles de chatel, pot doner à sa tierce fille en mariage le tierz de sa terre, et que ses filz ne le porra pas rapeler.

Del vivre as Suers.

Il fu jugié que les filles Felippe d'Aigreville (2), n'auront pas leur vivre de la terre que lor père vandi, mès il l'auront de la sésine que il avoit quant il morut.

De Requenoissant.

Il fu jugié que la terre de que li contenz est, de qoi recorz est demandez entre les homes del Crues

(1) Juviel. (Manuscrit 10390—2.)
(2) Angeville. (Ibid.)

d'une part et monsegneur Henri, soit veue ainz que recorz en soit fez.

LI ESCHEQUERS DE LA SAINT MICHIEL A QUAAM EN CEL AN MEISME. (1)

De Garant.

Il fu jugié que li évesques de Sès qui nie que il n'a jor vers le maréchal de France, fors sanz plus à avoir jugement savoir mon se il doit avoir II segneurs d'un fieu, ne respondra pas vers lui, ne ne fera loi, porce que li maréchas n'ot pas garant contre lui (2).

De Sèsine.

Il fu jugié que li emfant à l'ainz né filz auront la sèsine leur aiel pardevant les entes.

De Garde.

Il fu jugié que Guillaume d'Argences ait tel sèsine comme li rois ot par la rèson de la garde de la mort som père.

De partir Terre.

Il fu jugié que la terre que li oirs de Neausse tient soit partie porce que elle a esté autre foiz partie, et que la mère à l'oir ait doère en la partie som mari (3).

---

(1) *De monialibus habentibus.* Judicatum est quod moniales monasteriorum villarum respondebunt versus heredes Barbatoris de nova escaeta de facto suo, non obstante hoc quod habent abbaciam. (Manuscrit 10390—2.)

(2) *Erga ipsum avi sui.* (*Ibid.*)

(3) Brussel, *Usages des Fiefs*, page 964, et les manuscrits

LI ESCHÉQUIERS DE PASQUES A ROEM EN L'AN DE GRACE
M. ET CC. ET XXXVII,

De Terme.

Il fu jugié que mesires.Guillaume de Torville ait
terme d'un an et d'un jor vers dame Eve d'Angerville.

De Redevences.

Il fu jugié que mesires Jehans (1) ait les rede-

4651 et 4653-A de la Bibliothèque royale, place, dans l'an-
née 1236, l'ordonnance suivante de l'Échiquier :

Preceptum est quod visio potest fieri sine militibus,
in omni placito de quo bellum non possit exire. (Voyez ci-
dessus, titre *de Bataille*, pages 143, 150.)

In scacario apud Rothomagum, viccecomitissa meleduni
que fuit uxor Galleranni de Ybriaco primogeniti deffuncti
Roberti de Ybriaco petebat à rege, qui terram Roberti def-
functi tenebat in manu sua, dotalicium totius terre se-
cundum quod continebatur in carta Roberti deffuncti.
Goelus frater postnatus dicti Galleranni et filius Roberti,
petebat saisinam patris sui deffuncti. Filii Galleranni, in-
fra etatem constituti, petebant victum suum à rege. Ju-
dicatum fuit quod Goellus haberet saisinam. (Brussel,
Usages des Fiefs, page 1037.)

Guillelmus de Teniers miles petiit ab hominibus suis
quadam servitia; ipsi dixerunt se fecisse illa servicia, sed
nec feodum, nec per costumam miles habuit saisinam il-
lorum servitiorum; petebant homines estabilitatem; (V. le
Glossaire de Ducange, au mot *Stabilia*, et Brussel, *ibid.*, p.965.)
miles tanquam saisitus se volebat deffendere per duellum
tantum, inde est quod homines debebant et poterant ha-
bere breve de sordemanda. (V. le *Glossaire* de Delaurière et
le chap. 113 de l'*Ancienne Coutume de Normandie.*)

(1) *De Tornebu.* (Manuscrit 10390--2)

vances et les aides les fiez que mesire Robert de Corcilli (1) rant (2) à Amfreville (3), et ne remaingne pas por le contredit as vilains (4).

LI ESCHEQUIERS A QUAAM A CELLE MEISME FESTE ET EN CEL AN MEISME.

De mort de Parant.

Il fu acordé que li frères à celui qui est ocis, ou li plus prochiens del lignage (5) puet sivre de sa mort, si que il n'em face pas pès; et se cil qui en est suiviz se puet desfandre, il en remaingne toz quites à fin; ce fu fet se il plest au roi.

De l'Emfant qui fu nez devant le mariage.

Il fu jugié que li emfes qui fu nez devant le mariage ou après, est li plus prochiens oirs à avoir l'éritage som père (6), se sainte yglise loe le mariage.

De response d'oirs.

Il fu jugié que li filz Thomas de Gorges ne respondra pas en derrierre de son ainz né (7) qui est contre le roi.

(1) *Truciato.* (Manuscrit 10390—2.)
(2) *Eidem.* (*Ibid.*)
(3) *Et alloda.* (*Ibid.*)
(4) *Rusticorum.* (*Ibid.*)
(5) *De affinitate matre illius.* (*Ibid.*)
(6) *Et duobus tradatur in maritagio.* (*Ibid.*)
(7) *Ante nato suo.* (*Ibid.*)

De Doère.

Il fu jugié que Eufame l'Englesche (1) ne respondra pas de la mort Guillaume en derrierre Thomas de Biaumont som frère (2), jà soit ce que il n'oit pas la pès le roi.

Il fu acordé par les mestres de l'eschequier qe la fame Thomas de Gorges n'aura pas doère de la terre à celui Thomas, por ce que cil Thomas, qui estoit homs liges le roi et estoit en garnison, bailla le chastel le roi en la main à ses anemis, et s'en ala en Engleterre contre le roi ; et ce fu fet par conseill.

LI ESCHEQUIERS DE LA SAINT MICHIEL A ROEM EN CEL AN MEISMES.

Autresi fu-il acordé en l'eschequier à Roem.

De Chartre.

Il fu jugié que Robert de Monfort requenoistra la chartre som père, ou la noiera (3), ainz que li briés de gage core.

Il fu jugié que li mères de Roem ne respondra pas vers l'atorné au conte de V, se li quens n'a le recort de l'assise ou les letres le roi que sa mère li ait donné sa terre.

Il fu jugié que li abbés n'est pas tenuz à aporter les letres de son covant vers Taisson por avoir son

---

(1) *In angliâ.* (Manuscrit 10390—2.)
(2) *A morte Thome De Bello monte militis, fratre suo absente.*
(3) *Versus G. De Mortuo mart militem. (Ibid.)*

homage, et Taisson fu en merci por ce que il en atandi jugement.

De Mise.

Il fu jugié que la mise soit tenue et li ami soient contraint de dire leur dit.

De Parties.

Il fu acordé que li puis nez filz Thomas Degorges aura sa partie de la terre sa mère.

LI ESCHEQUIERS DE PAQUES A ROEM EN L'AN DE GRACE M. CC. ET XXXVIII.

De Garde.

Il fu jugié que li oncles à l'emfant qui ot la garde de son neveu de sa propre voleté, doit avoir la sèsine de la garde, et puis sera droiz fez et corra droit entre l'oncle qui tient et celui qui demande.

De Patronage d'iglise.

Il fu jugié que l'en enquière de la sèsine Guillaume Poucin, qui est dedanz aage, del patronage de l'iglise de Glisales, de que il a contenu entre Guillaume et autres; et ceste enqueste sera fete en la cort le roi.

De Mise.

Il fu jugié que la mise qui fu acordée à fin entre l'abé de saint Oien et les homes de Railli (1), et que il metront amis en lieu de ceuls qui sont mort, et li bailliz lor dorra terme de novel.

(1) *De Taillioco durabit.* (Manuscrit 10390—2.)

De Sèsine.

Il fu jugié que Robert Dubois n'aura pas la sèsine de la mèson son père de qòi il ne fu onques sésiz, et que ses frères le reforfist (*et quòd frater suus fore fecit*) quant il avoit la sèsine de la terre.

De Doère.

Il fu jugié que Rogers Depreaus ne puet pas rapeler le doère que Giefroiz Desamoi fist à sa mère en sa vie, jà soit ce que li oirs à celui Giefroi soit en garde.

LI ESCHEQUIERS A QUAAM A CEL MEISME TERME ET EN CEL AN MEISME.

De celui n'avons nos riens.

LI ESCHEQUIERS DE LA SAINT MICHIEL A ROEM EN CEL AN MEISME.

De Prison.

Il fu commandé que li filz Mausel del Pont-Audemer qui est tenuz em prison por la dete au segneur del Nuefbore, soit délivrez.

De Costume.

Il fu commandé que une partie de la forest de Biaumont soit baillié as costumiers à prandre leur costume.

Des Croisiez.

Il fu acordé que l'en commant à l'évesque de Sès que il tienggne em prison les croisiez qui na-

vrèrent Fouque de la Mote (1) chevalier, tant que
li mesfez soit amandez.

D'Omicide.

Il fu jugié que li évesque d'Evreues n'aura pas
la sèsine d'un home que li sergent le roi pristrent
en la mèson l'évesque, por ce que il avoit ocis I home
en la vile l'évesque (2).

LI ESCHEQUIERS ENTOR LA FESTE SAINT DENIS A ROEM EN CEL AN MEISMES.

De Garde.

Il fu acordé que li rois doit avoir la garde del
filz Thomas Deportier de Quaam par la rèson de sa
sergenterie, ce (3) est de la garde de la porte.

De Parties.

Il fu jugié que II. le filz Hamon aura toutes les
escheoites en sa partie, et si quatre frère auront II
fiez de haubere en leur parties, et nus d'euls
n'aura part en l'eschéette ne ni recoverront rien,
ainz li remaindront toutes quites comme ainz né.

D'Eschange.

Il fu jugié que li sires de Torci aura eschange
en la partie ses frères por le doère que la dame a
tout en sa baronie, value à value des rentes et des

(1) *Dementem.* (Manuscrit 10390—2, Biblioth. royale.)
(2) *In villa dicti episcopi.* (*Ibid.*)
(3) *Videlicet.* (*Ibid.*)

terres que elle a pris en la partie au segneur de Torci.

LI ESCHEQUIERS A ROEM ENTOR LA FESTE SAINT MARTIN EN L'AN DE GRACE M. ET CC. ET XXXIX.

De Genestes.

Il fu commandé que li home pucent vendre les genestes qui croissent en leur chans sanz le congié (1) le roi, se elles ne sont dedanz les bones (*metas*) d'aucun bois.

De Brief.

Il fu jugié que li briés Guillaume ne corra pas contre l'abé de saint Taurin d'Evreues del patronage de l'yglise de Millières (2), ainz ait li abés sa sèsine de la devant dite yglise par la force de la chartre au roi Richart d'Angleterre que li abés en a.

De Partie.

Il fu jugié que Rogiers Li Fevres de Baionvile ne fera pas partie à Elyot (3) son frère de l'escheoite som père de qoi Elyot demandoit partie.

De Croisiez.

Il fu jugié que l'en ne respondra pas au filz Raol Guiton qui plède à Guillaume Pajenel de son héritage por la croiz Foque son ainz né (4).

---

(1) *Et tercio termino.* (Manuscrit 10390—2.)
(2) *De Villarum.* (*Ibid.*)
(3) *Filio fratris sui super escaeta patris sui.* (*Ibid.*)
(4) Judicatum est quod filius Rodulphi post genito non respondebit versus dominum Wuillelmum Paganum de

De Brief.

Il fu jugié que li mareschaus de France ne respondra pas contre ses homes d'Argenten (1) par le brief que il aportèrent contre lui, quar leur briés n'estoit pas de cors (2).

De Partie.

Il fu jugié que l'eschéette madame Ale (3) de Almanalchier sera partie par le milen entre monsegneur Hanneri le visconte (4) et monsegeur Robert de Maleth autresi comme le fust se leur mères vesquissent; et mesire Roberz fera les parties, et mesires Hanneris prandra laquelle que il voudra. E si fu jugié que madame Ale ne porra riens donner à icels Robert et Hanneri, ne au fill au devant dit Robert qui ne soit parti entr'eus parmi.

D'Atorné.

Il fu jugié que Jehans Destouteville ne pot desatorné son atorné que il avoit fet pardevant Jehan Desvignes em la baillie de Cauz, ne fere autre (5) seur la querelle que il avoit en la baillie du Pont-Audemer vers Gautier de Bueseville chevalier.

hereditate sua, propter crucem fulconis Pagani antenati sui. (Manuscrit 10390—2.)

(1) *De Argenio.* (*Ibid.*)
(2) *De cursu.* (*Ibid.*)
(3) *Asc.* (*Ibid.*)
(4) *Castri.* (*Ibid.*)
(5) *Ibidem.* (*Ibid.*)

De Mariage.

Il fu commandé que Oliviers de saint Oian chevaliers assiée regnable mariage à ses filles, et, se il ne le fet, li baillif le roi leur assiée, si comme (1) il fu jugié en l'asisse par devant lui.

De Requenoissant.

Il fu jugié que requenoissenz soit fez entre l'abé de Quaam et le chapistre de Baicues seur le présentement de l'iglise d'Avernes, et ne remaingne pas por ce que il n'a point (2) d'évesque en l'iglise de Baicues.

'D'Aide.

Il fu jugié que li home de la haie Deltcill ne doivent pas aide à l'oir de Harecort de marier sa suer, porce que il tienent par borgage (3) leur tenement.

De Tailles.

Li marcchaus de France taille ses homes les borjois d'Argenten, quant li rois taillera ses viglles (4) de Normendie.

De Partie as Suers.

Il fu jugié que les suers Guillaume Emolant chevalier, n'auront pas partie des bois à icelui Guillaume, ainz auront partie des herbages et des pasnages des bois.

(1) *Vel pro ut.* (Manuscrit 10390—2.)
(2) *Quòd capitulum non habet. (Ibid.)*
(3) Voyez le Glossaire de Carpentier, à ce mot.
(4) *Villas suas.* (Manuscrit 10390—2.)

De Chartres.

Il fu jugié que Caloth li juis provera sa chartre envers Leroi Sichiet (1) par bones chartres as cresticns, sèsies et tenanz, et séellées de cest meisme séel.

De Forsbaniz.

Il fu jugié que Guillaume de Homet chevalier(2) que il tenoit de lui qant il fu forsbaniz par jugement.

D'Assise et de Mise.

Il fu jugié que Estienes de Coville chevaliers ne se pot escuser (3) de son jugement vers sa mère quant il est présenz en l'asise à atendre jugement vers lui (4), et li diz as amis soit tenuz, se il est diz en celle assise

De Partie de Frères.

Il fu jugié que li frère Garnier de Ravale chevalier aient les cissues de leur parties dès le jor que il les requenut à frères devant le roi, où il li fu commandé que il leur feist parties.

De rapeler ventes.

Il fu jugié que Rualant (5) ne fera pas parties à

(1) *Versus heredem Sicat.* (Manuscrit 10390—2.)
(2) *Habebit terram que fuit Stephani de Argenceis militis.*(*Ib.*)
(3) *Essoniare.* (*Ibid.*)
(4) *Versus camdem.* (*Ibid.*)
(5) *Lucas Tollant.* (*Ibid.*)

ses frères puis nez de l'eschcoite à som frère ainz
né qui eschai (1) ainz que cil frère fussent né.

LI ESCHEQUIERS DE LA SAINT MICHIEL A ROEM EN CEL AN
MEISME.

De rapeler vente.

Il fu jugié que Jehan Pichot qui a la suer Guil-
laume de Magneville à fame, ne rapelera pas la terre
que Jehans de Mèsons bailliz le roi (2) del devant
dit Guillaume de Magneville de la baillie de Cos-
tentin, ne ne sera pas oïz à avoir en la moitié, se
il ne velt rapeler toute la terre que ill achata.

D'Aide.

Il fu jugié que Guillaume Biau Vilam aura l'aide
de sa chevalerie de ses homes qui tienent de lui par
homage.

De Croisiez.

Il fu jugié que li croisiez qui commencent leur
pélerinage ainz que terre soit veue, soient en pès en
leur sèsine tant que l'en soit certain de leur mort
ou de leur revenue; e droiz soit fez de cels qui sos-
tindrent la veue, ainz que il commençassent leur
voie.

De Quitence.

Il fu acordé que la mèson Thomas le Borguegnon,

(1) *Ei.* (Manuscrit 10590—2.)
(2) *Emit à dicto Guill. de Maneuville in ballia de Costentin
per medietatem nec ex inde audietur nisi totam terram quam emit
integrè voluerit revocare. (Ibid.)*

qui (*que*) est al Nuefchatel, doit estre partie, et li uns des parceniers aura la quitance qui apartient à la mèson.

LI ESCHEQUIER DE LA SAINT MICHIEL A QUAAM EN CEL AN MEISME.

D'Avoirs.

Il fu jugié que li abés de Lessei aura la sèsine des avoirs que il prinst en som bois, et puis les randra à gage et à plege, et fera droit à cels qui li avoir sont que il prist el devant dit bois.

LI ESCHEQUIERS DE ROEM ENTOR LA FESTE SAINT FELIPE ET SAINT JASQUE EN L'AN DE GRASCE M. ET CC. ET XL.

De partie de Suers.

Il fu jugié que les filles Thibot de Chartres n'ont pas partie en Normendie envers les filz Tibout de l'eschcoite au devant dit Tybout.

D' Aides.

Il fu jugié que Jordains de Waliquiervile (1), chevaliers, n'aura pas aide de ses hommes à marier sa seconde fille de l'eschcoite qui li eschai emprès le mariage as ainz née fille.

De choix à ainz né.

Il fu jugié que li ainz nez filz Tybot de Chartres eslira en sa partie la terre que li rois Phelipes donna à som père se il veult, ou la ferme Fieval que li rois Looys bailla à icelui Tybot; et trovera à ses II suers,

(1) Wasquerville. (Manuscrit 10390---2.)

filles sa marrastre, se elles weillent venir (1) o les terres et o les muebles que elles ont, leur vivre soufisentment, salve la garde que leur mère tient par la rèson du bailli.

De Vente.

Il fu jugié que Jehans de Ferrières ait la vente que Jehans ses cousins li vandi, que il ne remaingne pas por le reclaim (2) que li frère de la chevalerie del temple i fesoient, qui disoient que elle estoit de leur garantie, si que il face audevant diz frères de la chevalerie del temple, ce qui leur doit estre fet por ce fieu.

De Mariage.

Il fu jugié que Guillaume de Maussi chevaliers n'aura pas le mariage que il demandoit à Syri (3), de la fame que il esposa em Poitou sanz l'assentement le roi, porce que li oirs est en la garde le roi.

De Relief.

Il fu jugié que li rois aura le relief des homes Estiene de Villers par la rèson de l'omage que il ot d'icelui Estiene, que Dyonise de Chamugne (4) demandoit par celle rèson que elle a d'an en an quatre par cens en cel fieu.

---

(1) *Cum eo.* (Manuscrit 10590—2.)
(2) *Non obstante clamatione.* (Ibid.)
(3) *Apud Suriaco.* (Ibid.)
(4) *De Chinci.* (Ibid.)

De *Partie de Suers*.

Il fu jugié que les filles Gautier de Warneville ne perdront pas que elles naient leur parties de la terre qui fu leur père, porce que leur suer ainz née fu mariée à un valeit qui est dedanz aage.

LI ESCHEQUIERS A QUAAM ENTOR LA FESTE SAINT JEHAN DEVANT PORTE-LATINE EN CEL AN MEISME.

D'*Ainz né*.

Il fu jugié que Guillaume de Loviers ne respondra pas à Guillaume Durventre en derrierre de son ainz né (1).

De *Sèsine*.

Il fu jugié que li conestables de Normendie aura la sèsine son frère, et puis fera doère à la fame son frère.

De *Parties*.

Il fu jugié que Cécille de La Ville de Morte Fontaine aura sa partie de la sèsine que ses pères avoit quant il morut autresi comme I de ses frères sauf le chief menoir, mès elle n'aura pas partie des achaz que il firent (2) puis la mort lor père de leur chatex, ne des ratrèz (3), dèsque il n'estoient ensemble à I chatel.

(1) *Absente.* (Manuscrit 10390—2.)
(2) *Dicti fratres.* (Ibid.)
(3) *Neque de receptis cum ipsi non essent simul ad unum.* (Ibid.)

De Brief.

Il fu jugié que Guiot de Hamewes (1) n'aura pas brief de l'eschcoite son père vers des homes de Hamewes, por ce que cil Guiot avoit I frère ainz né qui estoit en aage qui se tot après la mort som père I an et I jor sanz riens réclamer.

De Brief.

Il fu jugié que li abés de saint Salveeur ne respondra pas par brief vers Raol Taisson seur le patronage de l'iglise sainte Marie de la Colombe, por ce que li abés a les chartres au fondeeur de s'abaie qui li donnèrent celle iglise et meesmement la chartre au roi Henri de confermement del devant dit don, quarl'en doit avant enquerre de la droiture (2) à l'un et à l'autre que de la sèsine, et Raol Taisson est en merci por le jugement que il atendi.

De ce meisme.

Il fu jugié que li abés del mon saint Michiel ne respondra pas vers les chartres à l'abé de saint Estienne de Quaam qe il a de la peescherie de Vein.

De Sèsine.

Quant Rogier Bacon demandoit l'eschcoite del doère sa mère à Planqueroi par la rèson d'une chartre que il avoit de Guillaume son ainz né frère de

(1) *De Hamelinez.* (Manuscrit 10590---2.)
(2) *De Jure utriusque.* (*Ibid.*)

qui li oirs est en la garde le roi, leqel doère cil Guil-
laume li avoit ostroié à avoir en partie emprès la
mort sa mère par la teneur de sa chartre, o
autre terre que li devant diz (1) Guillaumes porsiet;
il fu jugié que li rois doit garder le devant dit oir
en la sèsine que ses pères avoit quant il morut, qui
estoit garanz de cel doère (2).

LI ESCHEQUIERS DE ROEM ENTOR LA FESTE SAINT DENIS EN
CEL EN MEISME.

De Sèsine.

Il fu jugié que Guillaume d'Aiguevile chevaliers
n'aura pas le terme de l'ost vers Guillaume son
neveu qui demande la sèsine som père, ainz sera
enquis quel sèsine ses pères avoit de la terre que
Guillaume demande.

De Merci.

Il fu dit que li vis quens de Leaue n'a riens en la
merci (3) al juif.

D'Atorné.

Il fu jugié que li atornez à l'abé del mont saint
Michiel ait ses choses et puis respondra; que il ne
remaindra pas por sa défaute de l'assise (4), por ce
meesmement que il estoit loing de la baillie (5).

(1) *Rogerius.* (Manuscrit 10390—2.)
(2) *Et sicut garantus.* (Ibid.)
(3) *In justitia.* (Ibid.)
(4) *Abreviate.* (Ibid.)
(5) *Longe esset in ballia illa.* (Ibid.)

De Terre à fuitif.

Il fu jugié que la nièce Richart de Glanville ait partie de la terre son oncle vers son ainz nez, autre telle comme li ainz nez l'eust se il fust à la pès le roi.

De Doère.

Il fu jugié que la fame Thomas de Verville n'aura doère fors de XL livrees de rente de que cil Thomas estoit sésiz quant il l'esposa, elle est en merci por le jugement que elle atandi.

De Garde.

Il fu jugié que li abés de Fesquam aura la garde de l'oir Robert de Neville (1) dès que il quenoist que il tient de l'abé par fieu de haubere, et les vavassories iront à l'abé o l'emfant, salve la droiture le roi.

De Relief.

Il fu jugié que li home Robert de Cerat (2) paieront VI deniers por demi relief de la mort au conestable (3), et que li brief d'establie ne corra pas, et il sont en merci por le jugement que il atandirent.

(1) *De Vernuille.* (Manuscrit 10390—2.)
(2) *De Tirac.* (*Ibid.*)
(3) *Normanie.* (*Ibid.*)

LI ESCHEQUIERS DE PASQUES A ROEM EN L'AN DE GRACE M. CC. ET XLI.

De Sergenterie.

Il fu commandé des Alandans del Pont-Audemer que l'en en use si comme l'en seut ancianement, et que li fieuz des Alandans n'est pas sergenterie, ainz doit estre parti si comme l'en a tor jorz usé.

D'Omage.

Il fu jugié que se Michiel de Montegni se démet de som fieu (1), que ses pères dona à Engueran de Montegni (2) et il est pris en la main le roi, li home (3) del fieu ne se pueent desfandre que il ne facent homage à Engueram.

LI ESCHEQUIERS DE LA SAINT MICHIEL A ROEM OU A QUAAM EN CEL AN MEISME.

D'Essoines.

Il fu jugié que quant aucuns a fet ses droites essoines et il en velt fere une autre après ce que il est venuz avant, il ne le puet fere en nule manière (4).

D'Aide.

Il fu jugié que tuit cil qui tienent par parage qui

(1) *Quôd*...*ittet se de feodo suo.* (Manuscrit 10390—2.)
(2) *Qui est,* *e*... (*Ibid.*)
(3) *Capitales.* (*Ibid.*)
(4) *Nec in via curie nec aliter.* (*Ibid.*)

doivent service de chevalier, randront à leur se-
gneurs autre tel aide comme leur segneur randront
au roi; et cil qui tienent par homage randront tele
aide comme li rois dorra, se li segneur n'ont sèsine
de la fin qui fu fetc (1) envers le roi.

De Doère.

Il fu jugié que quant dui frère sont ensemble
à un chastel (2) et il aquièrent ensemble de que li
uns a fame, celle fame n'aura doère fors de la partie
son mari de l'éritage, de que elle aura le tierz, se ce
est hors de borgage; e del conquest qui fu fez en
borguage, aura elle la moitié de la partie son
mari.

LI ESCHEQUIERS DE PASQUES A ROEM EN L'AN DE GRACE
M. ET CC. ET XLII.

De Pès.

Il fu jugié que la pès qui fu fete en l'eschequier
sera tenue.

De Parties.

Il fu jugié que li fieuz qui sont en Cauz, remain-
gnent à l'ainz né fill au chambrelanc de Tanquar-
ville quite; et tuit cil qui ne sont en Cauz doivent
estre parti par la main al puis né; et li ainz nez doit
choisir laquel partie que il voudra, par le consel
à ses amis.

---

(1) *De parte uxorum (eorum)*. Manuscrit 10390—2.
(2) *Sunt ad unum et eumdem catallum.* (*Ibid.*)

De rapeler Vente. ·

Il fu jugié que la fille Guillaume del Sancei, n'aura pas le marchié que elle rapeloit d'un bois que ses pères vendi à Guillaume le Vingnier (*le Vignon*), prévost de Varesi (1), quar elle n'est pas forsfamiliée de som père par·la rèson de qoi elle rapeloit le marchié, et por ce qu'elle n'est pas en aage; et li prévost remaint en sa sèsine.

LI ESCHEQUIERS DE PASQUES A ROEM EN L'AN DE GRACE M. ET CC. ET XLIII.

De Garant.

Il fu commandé que la terre au filz Marie de Chalenge soit em pès de Gautier Postel chevalier, tant que ses garanz soit en aage.

De vivre à Frères.

Il fu commandé que li frère Engueran de Vivan aient vivre sosfisant selonc la valor de la terre que leur freres tient.

De Bastardie.

Il fu jugié que Agnès la fille Nicolas de saint Senson (2) ne perdra pas dès que li mariages en qoi elle fu engendrée a esté provez et conneuz, ainz tendra la terre qui fu son père et (3) sa mère comme oirs, qar elle n'est pas bastarde (4).

(1) *Dè Barefleu.* (Manuscrit 10390—2.)

· (2) *Defuncti.* (*Ibid.*)

(3) *Et juris sui.* (*Ibid.*)

(4) *Nec terra sita apud sanctum Sansonem super villam processus de bastardia valet coram archidiaconum.* (*Ibid.*)

D'Aides.

Il fu jugié que l'aide de l'ost le roi doit estre cuellie ès fiez de la contée (1) qui sont en la taille de Gisors et qui sieent entor Evreus, de C sols (2) de tornois sanz plus, et ce fu enquis par chevaliers et par preudes omes et créables qui tuit jurèrent et le distrent à I acort.

D'Assise.

Il fu jugié que li oirs Girare de Mauquanci 'aille à l'asise françoise de Gisors por fère as antain le jugement as chevaliers du païs.

LI ESCHEQUIERS DE PASQUES A QUAAM EN CEL AN MEISME.

De Sergenterie.

Il fu commandé au prévost de Costantin que li oirs et li filz (*uxoris*) Guillaume Bernart de Tincteberi (3) ait sa sèsine de sa sergenterie en la forest; et que li Verdiers n'a pas pooir d'oster le, ne de metre I autre, mès li bailliz.

De Mariage.

Il fu commandé que Agnès de la Rosselle ait en l'échange que ses mariz fist de son mariage autresi comme elle eust el mariage.

De Parties.

Il fu recordé que il fu jugié que Cecile Marion

(1) *Abrucensis*. (Manuscrit 10390—2.)
(2) *Libris*. (*Ibid.*)
(3) *De Cratebrayo*. (*Ibid.*)

de Costantin eust la quarte part de la terre som père contre ses trois frères, es del ratret de la terre que ses frères avoit fet qui estoit fors familiée (*forsitan sublatus*) de som père, aura elle le quart, se elle paie sa part des deniers.

LI ESCHEQUIERS A ROEM A LA FETE SAINT DENIS EN CEL EN MEISME.

De vivre et de doère.

Il fu jugié que li oirs Guillaume de Montegni qui fu nez de la fille Guillaume de Mortemer, n'aura pas vivre de la terre à ses ainz nez frères par celle rèson que leur pères donna le tierz de sa terre à leur mère en doère qui revendra à els, et la mère em fist fin en sa vie o les frères ainz nez, si que après son décès li doères revandroit à els.

De Mort.

Il fu jugié que une fame qui sivoit Jehan de Baquepins (1) chevalier de la mort son mari, ne puet pas avoir cele suite quant il (*ille*) ne se velt metre en l'enqeste.

De Garde.

Il fu jugié que puisque fame est mariée, elle n'aura pas la garde de ses emfanz de quel aage que il soient.

---

(1) *De Burdequin.* (Manuscrit 10390—2.)

LI ESCHEQUIERS A QUAAM A LA FESTE SAINT LUC EN CEL EN MEISME.

Des Dismes.

Il fu commandé que li homme de Andeville en Costentin, randent à l'abé de Monteborc et à la persone de Andeville leur dismes (1) selonc l'enciane costume et non pas autrement.

De Relief.

Il fu jugié que li home de Lore (2) em Costentin feront aide de relief au segneur de Cirri (3) de la mort au connestable de Normendie, par cele rèson que li sires de Sae (de Sac), leur sires, tenoit del connestable par parage comme puis nez.

De Don.

Il fu commandé que li dons que Roberz Maleth fist à ses homes por leur servises à saint Jaque (4) soit tenuz.

De Forsbani.

Il fu commandé que li oir à aucun forsbani n'aura pas la terre sa mère, mès li plus prochains oirs à la fame.

De Doère.

Il fu jugié que la fame Robert Desmostiers (5)

(1) In personâ Auvindeville decimas suas. (Mss. 10390—2.)
(2) Dolore. (Ibid.)
(3) De Curceyo. (Ibid.)
(4) De Bemon. (Ibid.)
(5) De Monasterio. (Ibid.)

n'aura pas doère de la terre Robert, quar il fu trai-
tres et forfist terre.

Nota. Ce qui suit ne se trouve pas dans le manuscrit
10390—2 de la Bibliothèque royale.

LI ESCHEQUIERS DE PASQUES A ROEM EN L'AN DE GRACE M. ET CC. ET XLIIII.

De Terre vendue.

Il fu commandé que Guillot de Forges, li filz
Robert de Forges, oit ce que il conquist par le ju-
gement de l'assise d'Essei vers cels à qui ses pères
avait vendu ses terres et ses rentes, et ses pères oit
sa terre, si qu'il n'em puisse riens metre hors de sa
main, por ce que il avoit esté en maladerie qui
n'estoit pas ruilee, et ore est sains, si comme il dit.

De Noiez.

Robert Aviron del Port Saint Oien lesse tout quite
I home qe il sivoit que il avoit noié son fill, et por
ce fu il jugié que cil qui estoit suiviz soit em pès
d'icelui Robert Aviron.

De Défautes.

Il fu jugié que Ogiers de Canelle ne respondra pas
vers Hue de Delbois Rogier por ses défautes devant
que elles soient paiées, et puis fera ce que il devra.

LI ESCHEQUIERS A ROEM EN CEL MEISME TERMINE.

De cestui n'avons nos riens.

LI ESCHEQUIERS A ROEM APRÈS LA FESTE SAINT-DENIS EN CEL AN MEISME.

D'Aide.

Il fu jugié que li home Alan Maquerel randront de l'aide de marier la fille à la dame de Are VI deniers de chascune acre par celle rèson que cil Alans tient son fieu de la dame d'Aare.

De Testament.

Il fu acordé que la comtesse de Chastel-Érant puet bien achater L livrées (*livres*) de terre (*rente*) que li vis quens des Chastel-Érant, ses sires qui morz est, dona à fère son testament, et les mist en la main à ses exécuteurs, et li exécuteurs vandent celle rante par besoing por acomplir le testament.

LI ESCHEQUIERS A ROEM EL DEMAIN DE LA SAINT-JEHAN DEVANT PORTE LATINE, EN L'AN DE GRACE M. CC. ET XLV.

De Merci.

Guillaume del Salcei chevaliers est en merci por ce que il ne respondi pas de ce dont il devoit respondre.

De Garde.

Il fu jugié que Guillaumes de Sanclin chevaliers et sa fame doivent randre leur fille qui estoit en la garde Robert de Canteloir, el lieu et en la mèson où il la prinstrent par force, et se il ne le font, ill i seront contraint; et sont en merci por la force qu'il firent de nuiz.

De Quenoissence.

Home requenurent que il tienent de l'évesque de Sès chascuns par la disiesme part del fieu de hauberc, et por ce fu il jugié que il facent les redevences de leur terres comme vavasseur, et nom pas comme de fieu de hauberc, et sont en merci por le jugement que il atandirent.

De Patronage.

Li patronages de l'iglyse de saint Vigor de Cergi remaint à fin à l'abé et au covant de mont d'Aie.

De Testament.

Il fu jugié que chascuns puet engagier, ou metre en son testament le tierz de sa terre par le gré son segneur, se il plest au roi.

De Suite.

Il fu jugié que Lordains de Brequini, chevaliers, pueit sivre son marchié vers le filz Raol de Biaumes qui est en garde, par ce que il le rapela el vivant son père et dedanz l'an.

De Sèsine.

Il fu jugié que li abés de Quaam ait enterignement sa sèsine vers Jehan de Caborc, chevalier, par le recort qui fu fet en l'assise de Quaam, de ce qui fu veü et qui ne fu pas veü de l'eve de Dive, de qoi li plez estoit entr'ex.

De Recort.

Il fu jugié por la fame Voisin et por Raol de Treismonz, que li recorz de l'assise core ainz que li recors soit des jurez.

De Rente.

Il fu jugié que cil qui tient fié d'aucun pueit bien apeticier la rente que il en doit, ne li marchiez ne pueit estre rapelez par nul qui soit del lignage al vendeeur por tant que li vanderres i retiegne rente ou homage.

D'Eschange.

Il fu jugié que mesires Henris d'Argences aura l'eschange que Jehans de la Ruete prestres li fist, et sera en autre tel estat en l'ainz néece comme Jehans estoit seur ses cosins quant il fist l'eschange.

LI ESCHEQUIERS A ROEM, LE JOR DE LA SAINT-LUC, EN CEL EN MEISME.

Del Pandu.

Il fu commandé al bailli de Costentin que il vande (*rende*) as oirs à 1 home qui fu panduz la terre qe il tenoit; quar, porceque cil qui fu panduz fesoit bataille de ses membres et il fu vaincuz, il fu jugié que il ne forfist fors les membres et les muebles, as us et au costumes de Normendie.

De Patronage.

L'abaesse d'Evreues doit avoir le pa tronage d l'yglise de Borc.

De Suite.

Il fu jugié que Raoul Taisson pue t sivre III de ses homes de fains d'une moute que il lor demande par loi apparoissant.

De Fors.

Li abés de Quaam doit avoir ses fors et son ban en son borc.

LI ESCHEQUIERS DE PASQUES A ROEM, EN L'AN DE GRACE M. ET CC. ET XLVI.

De cestui n'avons nos riens.

LI ESCHEQUIERS DE PASQUES A QUAAM EN CEL EN MEISMES.

Il fu jugié que Richart Dumenill ne perdra pas la sèsine d'une terre qe Loranz del Fresne et Aubine sa fame li demandoient par brief de fieu et de ferme, por ce que li jureeur distrent que il ne savoient se ce est fieuz ou ferme, mès ne porquant droiz pueit estre entre les parties.

De Partie à l'Oir.

Il fu jugié que li denier qui estoient tenu en la garde le roi par l'achoison de l'oir de Biaumes d'une part et de son oncle d'autre part, seront départi entr'eùs comme muebles.

De Pasture.

Il fu jugié que Gifröiz de Monthisart ne perdra pas som pasturage à toutes ses bestes por la glant ou por la faine qui est el bois, mès il ne porra pas abatre la glant ne la faine.

LI ESCHEQUIERS DE LA SAINT-MICHIEL A ROEM, EN CEL EN MEISME.

De cesti n'avons nos riens.

LI ESCHEQUIER DE LA SAINT-MICHIEL A QUAAM, EN CEL EN MEISME.

De Croisiez.

Il fu jugiez que l'en respondra vers croisiez de brief de fieu ou de gage, et de brief de fié et de ferme movable, et que li croisiez en respondront, que il ne remaindra pas por la croiz, (*non obstante cruce*).

De Sèsine.

Il fu jugié que li prieurs de sainte Barbe ait plainement sa sèsine d'une bleste à ardoir qe li home del Bruel, de lez sainte Barbe, li demandoient par un brief de nouvelle dessèsine qui ne parloit fors de commune pasture, et li home sont en merci por la seurdemande.

De Quenoissances.

Henris Dargences lessa del tout au prieur de sainte Barbe toute la droiture que il avoit el patronage de l'iglise de Baron, et li prieurs li............

Nota. Ici finit le manuscrit FF. 2 de la Bibliothèque Sainte-Geneviève ; nous avons vainement fait ou fait faire des recherches dans les Bibliothèques et archives de Paris, Rouen et Caen ; nous n'avons pu compléter ni en latin, ni en français, le texte de l'échiquier de 1245. Nous avons en latin les échiquiers de Normandie de 1276 et des années suivantes ; nous nous proposons de les publier, ainsi que le latin de tout ce qui précède, si le présent ouvrage a le bonheur de plaire au public.

VARIANTES ET ADDITIONS

Tirées des manuscrits latins de la Bibliothèque royale.

Page 13, ligne 10 : *et tempore Johannis.* mss. 10390—2.

Ibid. ligne 22, *et ita maritagiu sive magna, sive parva refferentur in partem cum escaetis.*

Page 15, mss. 10390—2, page 113 : la chause por quoi le tiers et le danger des bois venduz est telle : les barons et les gentis hommes de Normendie vendoient lor bois quant il plaisoit, li rois ont besoing, si volt vendre de ses bois pour soy aider et fist estanchier les ventes as barons tant que il (*ot*) tant de sones venduz que il fust quite. Les barons ne voudront pas, ne ne pourront tant attendre, et requistrent le roy que il lor lessast vendre et esploiter de lour bois aussi comme il fesoit de suiens, et prinst le tiers de lor vente. Le roy lor outria, mès le sires de Cere le debati.

Page 21 ci dessus, mss. 10390—2, page 113 :
De Brieés de Deisaisine de vene.

Il est établi et ordené en eschiquier que nul ne puet sonner serjant por dépecier veue, se il ne le sonne au resort de la première veue terminée. *Item* il est établi et ordené que nul home en def-

fendant ni en demandant en sa querele de meuble
ou de heritage ne puet sonner ses parents, ne ses
lignages, ne metre nul son qui par devers lui vienge;
mès audevant de l'ordenance l'en usoit le contraire:
et puet l'une partie avoir auteil son comme l'autre.

Page 21, *ou les caves,* ligne 13, *vel aquas,* mss.
10390—2.

Page 22, ligne 10 : *li uns l'autre,* le mss. 10390—2,
page 106 ajoute: *et subdictum eis populum.*

Page 31, in fine: le mss. 10390—2 ajoute: si
in Ybernia XIV dies; si in Ungaria, vel in Latio duos
menses; si in Venungaria, vel in Dacia scilicet bis
XLI diem ; si in Alemannia vel in Sansonia XLI
dies.

Page 39, ligne 16 *par els :* *per annum,* mss.
10390—2, ligne 21, *sacramento militum et burgen-
tium juratorum.* ibid.

Page 40, ligne 12, *Guillaume le maréchal,* senes-
callum. Mss. 10390—2.

Page, 43, ligne 23, le mss. 10390—2, ajoute:
similiter de costuma communis pasture, sic justà
prata pre loca visa haberi secata, et in loco suo
remanente, eodem judicio erit definitum.

Page 46, ligne 23, *li ferranz,* mss. 10390—2,
serviens, le sergent.

Page 50, ligne 21, le mss. 10390—2 ajoute: Hæc
supra dicta generalia fuerunt per totam Norma-
niam, nisi solum modo in marchis ubi moneta non
currebat.

Page 54, lig. 18, après ces mots: 21 ans accomplis, le mss. 10390—2, ajoute: nisi post mortem antecessoris sui habuerit aliquem medium qui de possessione antecessoris sui tacuit per annum.

Page 83, ligne 14, le mss. 10390—2 porte: utrum debet perdere vitam.

Page 96, titre de Bataille. V. Brussel, *Usages des Fiefs*, pages 990, 991.

Page 116, titre de l'aide de l'ost: il y avait des vassaux qui pretendaient ne devoir au roi aucun service de guerre, d'autre n'être tenus que de faire *estage*, etc. Brussel, *ibid.*, pages 165, 1028.

Page 137, ligne 12, après ces mots: Robert Delbois, ajoutez: *super patrocinatu ecclesiæ cujusdam*, mss. 4651.

Page 143, ligne 20, Carpentier dans son Glossaire au lieu des mots *vel habebit*, met ceux-ci: *vel ejusmodi*.

Page 147, ligne 21, talle: *talliam*, mss. 4651.

Page 159, ligne 12, contredistrent: *contradixit*. Mss. 4651, 4653 A, Bibliothèque royale.

Page 160, après la ligne 2:

De Saisina.

Preceptum est quod Johannes de Home habeat saisinam totius terre de qua desaisita (*desaisitus*) fuit coram Johannem de Suscamp, adversario suo absente. Mss. 10390—2.

Page 162, après la ligne 3: inquisitio debet currere quando unus dicit quod aliqua terra est feodum lorice, alius dicit quod est escaeta.

Judicatum est quod inquiritur utrum puer qui est in custodia abbatis, si fuerit nulla custodia persone *(ratione)* feodi lorice sicut dicit, de quo homines sui deferunt ei auxilium ad materteram suam maritandam. Mss. 4651, 4653 A.

Page 163, ligne 7, au lieu de *et* il y a *vel* dans les mêmes manuscrits, après la ligne 17. Voy. *Histoire d'Harcourt, par De la Roque,* volume 3.

Page 163, in fine : Judicatum est quod heres defuncte habeat saisinam quam ipsa habebat quando vadiavit legem quam non fecit quia ante terminum mortua fuit.

Judicatum est quod frater adversus fratrem potest se una vice exoniare de judicio quod est inter eos faciendo. Iis. Mss.

Page 166, ligne 2, si que etc., non obstante hoc quod maritus suus eam atornasset loco sui.

Page 173, ligne 23 : de Teniers, il y a de Reniers dans le mss. 4653 A.

PETIT GLOSSAIRE

Tiré de ceux de **Du Cange**, **Carpentier**, **De Laurière** et **Roquefort**,

Et quelquefois du sens des phrases de l'Ouvrage.

A

A, pour, page 107, lig. 9.

ACHOISON, plainte, querelle, occasion heureuse.

ACRE, mesure d'environ deux arpens.

AÏELE, ayeule.

AINSQUE, avant que.

AISTRE, parvis, cimetière.

ANCESSEUR, antecessor, predecessor, ancêtre.

ANTAIN, oncle, tante.

AOLZ, ci-dessus, page 20, ligne 3, mois, *mos*, mss. 10390—2, page 161, aoust.

APIAUS, appels.

APORT, (en appert) ou en *repost*, etc., ci-dessus page 50, lig. 7, sive clam factum fuerit quod muldrum dicitur, sive palam. Mss. 10390—2. *V. Brussel, Usage des Fiefs*, page 986, note (a) 994, ligne 7, *a*, et les Glossaires de Ducange et de Carpentier.

ARSON, incendie.

ASAUT, assaillit.

ASENT (S'), consent.

ASMONÉES, données, accordées à l'église.

ATORNÉ, procureur, avoué, d'où le verbe atorner nommer un procureur.

AUTREFI, semblablement, pareillement, de même.

AVENANT, convenable.

AVENANTEMENT, convenablement.

AVOIRS, animaux de basse-cour, bestiaux.

B.

BAN, reserve, territoire d'une seigneurie.

BATAILLE, V. Mestres.

BEENT, desirent, du verbe beer.

BESTORNOIENT, corrompaient

BLESTE A ARDOIR, bourbier à brûler, tourbière.

BONNES, (bornes, metas), page 124 titre *de dismes*, page 179, titre *de genestes*.

BORC, ville, cité.

BORDAGE: tenure par bordage, si est comme aucune borde est baillié à aucun pour fere vils services son seignor: ne poet l'omme cel fiement ne vendre, ne engagier, ne donner, et de c'en n'est pas homage fet. *Cons. Normanniæ. Mss. Voy. Gloss. de Du Cange.*

BORGAGE, *V.* ci-dessus page 128, et le Glossaire de Carpentier à ce mot.

BRIEFS, mandements, ordonnances du roi ou du juge adressés aux juges ou sergents de l'épée, pour former les demandes, clameurs ou querelles qui ne se terminent pas par batailles. *V. Gloss. de Delaurière.*

Citatio vel decretum causam breviter continens, ob quam quis in jus vocatur, aut aliquid aliud facere jubetur. *Gloss. de Du Cange.*

BUENS, bon.

C.

CHALENGER, réclamer, *vendicare.*

CHAOIZ, perte

CHATEL, CHATEX : biens et effets mobiliers, de quelque nature qu'ils soient, *pecunia.*

CHAUZ, CHAOIN, de *cadere*, tomber.

CHEVIELS, capitales.

CITEAINE, de cité; civile.

CONTREMANDER, remettre l'ajournement sans affirmation.

CORONE, tonsure.

CORPES, faute, crime.

CORTIL, jardin.

COSTIVE, cultive.

CRAPOIS, sorte de poisson de mer.

CROLE (EN), *in suspenso,* tombé en ruine, écroulé.

D.

DEAN, doyen, *decanus.*

DEMANT, demande.

DEPÉCIÉE, déchirée.

DEBRENIER, nier avec serment; se purger, *V. Ancienne Coutume de Normandie,* chap. 123.

DEBRIÈRE (EN), *in absentia.*

DESTORBEZ, détourné, empêché.

DESTROITEMENT, exactement.

DOÈRE, dot.

DONOISON, don, donation.

DOS, douaire.

DUEL, *V. Mestres.*

E.

EINS, avant, mais.

EINS QUE, avant que.

ENCESSEURS. *V. Ancesseurs.*

ENCOMBRÉ (mariage), dot que le mari a aliénée, hypothéquée. (Brus., *Us. des Fiefs,* page 952), du consentement de sa femme ou non.

ENFÈS, enfant.

ENTAINS ou ENTÈS, oncles, tantes.

ENTERIGNEMENT, entièrement, *integrè.*

ESCHEOITE, ESCHÉÈTE, succession, héritage.

ESCHIVER, éviter.

ESGART, inspection, examen.

ESPENERA, du latin *penâ,* expiera, du verbe espenoir, *expiare.*

ESSARZ, menu bois qui tombe dans les forêts.

ESSOINE, excuse, délayement, délai de plet, etc., *dilatio, exoniatio.*

Essues, produits.

Estable, stable.

Establie (brief d'), accordé par le duc à celui qui était troublé dans la possession de son fief par un seigneur puissant. *Voyez Du Cange, Glossaire,* au mot *Stabilia; Brussel, Usage des Fiefs,* page 965.

Estage, l'obligation de résider pendant un certain tems dans le château de son seigneur pour le défendre./

Eve, eau. Sur les preuves par l'eau froide, l'eau bouillante et le fer chaud. *V.* les *Glossaires* de Du Cange et Carpentier, à ces mots.

F.

Faine, foin, p. 81, lig. 11.

Fanelié, forfanélie, émancipé.

Fiulz, fils.

Forbani, exilé, bani.

Formariage, amende due par le serf au seigneur quand il se marie à une femme d'autre condition ou justice que la sienne sans son congé.

Forfet, confisqué, de forfaire, commettre un crime.

Fors, usages, coutumes d'un lieu.

G.

Garde, page 76, ligne 23, *commodatum,* commodat.

Genestois, genest.

Gort, pêcherie, briez, flot, golfe.

Graé, agréé.

Griés, fâcheux, incommode.

Grurie, droit qui se levait sur les bois.

Guaengnieres, laboureur, cultivateur.

H.

Herbergement, *ædificium.*

Herberiage, logement, habitation, maison, bâtiment.

Hoeis (mon), *ad opus meum,* ci-dessus, page 51, lig. 17.

Honnefleue, Honfleur.

Huitièves, octave, espace de huit jours.

I.

Iave, eau.

Il, est souvent employé pour elle.

J.

Ja soit, encore que, quoique.

Ja soit ce que, quoique, *jam sit,* combien que, encore que.

Jor, jour, journée, *dies.*

L.

Léal, légitime, page 135, *in fine,* fidèle, sincère.

Léaus, *legales homines.*

Liiart, Léonard.

Lira, sera per.. si), *licebit.*

Livroison, *liberatio.*

Loi apparissant, opposée

à loi simple. *V.* Deresne, Deresnier, elle est terminée par loy de reconnaissant, duel, ou épreuves de l'eau, du fer chaud. *V. le Gloss. de De Laurière* à ce mot. *Ancienne Coutume,* chap. 122 et suiv.

Loi MONSTRABLE, qui oblige à prouver son droit par témoins.

Loi OUTRÉE, quant un différend est terminé par enquête ou brief; *De Laurière.* V. page 98, ci-dessus, titre de Record.

LOISE, permis.

LOIST (IL), il est permis.

M.

MAIENS, puisné, cadet.

MAINMORTABLES, serfs dont le seigneur hérite quand ils ne laissent des enfants légitimes.

MAINS, moins, page 118.

MARITAGIUM, dot.

MARLÉ, marné.

MECHINE; servante, jeune femme.

MENOIR, manoir, demeure.

MENOIT, demeurait.

MERCI, miséricorde, main mise, *manum suam. Voyez* mss. 4651, page 109, ci-dessus, ligne 2. Dans les combats, le vaincu se mettait à la merci du vainqueur. *V.* page 38, 39.

MESIAX, lépreux.

MESTRES, page 96 (de l'échiquier). *V. Brussel, Usage des Fiefs,* page 990, 991.

MIRRE, *ebur,* ivoire.

MISE, arbitrage.

MISERICORDIA, *quid?* V. page 2 et le mot *Merci.*

MON, donc, pour lors, *utrum.*

MOTE, maison seigneuriale, château bâti sur une éminence.

MUERT, meurt.

N.

NANS, nantissement, meubles, bestiaux d'une ferme. *V.* Houard, *ibid.,* tome 1er, p. 295, 520.

NE, employé pour *en.*

NEIS, même, de même.

NEPORQUANT, cependant, néanmoins, malgré cela.

NIÉS, neveu, petit fils.

NOIAST, niat.

NOIER, nier.

O.

O, avec.

OIRS, héritier.

OISSUES, revenu.

ORANDROIT, dorénavant, aujourd'hui, à présent.

OSTOIR, autour (oiseau).

P.

PARAGE, la portion des cadets assignée par l'aîné, parenté, noblesse. *V. Anc. Cout.,* chap. 3.

PARCENIER, cohéritier, associé, qui prend part.

PARENIER, *V.* p. 45 *hujus libri, participens,* mss. 10390--2.

PARTENT, partagent.

PARTI, partagé.

PARTIE, partage, portion d'héritage.

PASNAGE, droit de paisson sous le chêne des forêts.

PÈS, paix.

PIEÇA (DE), de longtemps.

PLEDEEUR, juges.

PLEGE, caution, sureté, *fidejussor*.

PLEGÉ, cautionné.

POI, peu.

POINT, pour *aliquid*, mss. 10390.—2, page 122, ci-dessus, page 51, ligne 14.

PORSISE, possédée, de porsooir, posséder.

PRESCRIPTION, *V.* page 134, titre *d'église et de lai*.

PREST, page 76, ligne 23, *custodia*.

PRIMES, prochain.

PROVOIRES, ecclésiastiques, prêtres, curés.

Q.

QUANQUE, tout ce que.

QUENUST, reconnut, de quenoistre.

R.

RECORD (COUR DE), cour souveraine, qui juge en dernier ressort. La cour se recordait, c'est a dire, rappelait son arrêt non écrit, donné dans un précédent échiquier. (*Lettres historiques de Lepage*, p. 32, 33, 2ª partie).

Cour souveraine dont on peut recorder le jugement, c'est-à-dire, le prouver par le témoignage de ceux qui l'ont rendu. *V.* Houard, *Anc. Lois franç.*, vol. 1er, p. 222, 223.

RECRÉANDISE, l'action de celui qui se rend dans un combat particulier.

RECROIRE, rendre, *recredi*.

REGNABLE, raisonnable.

REMENOIR, REMAINGNE, REMAINDRA, demeurer, rester en cause, attendre jugement.

REPOST, secretement, en cachette. *V. Aport.*

REQUENOISSANT, enquête d'établissement faite de toutes les matières contenues aux briefs de nouvelle dessaisine, d'escaete, etc. *V. Gloss. de De Laurière.*

RESNABLE, raisonnable.

RESPIT, délai.

RESPOITIÉ, repoussé.

RESPONGNENT, répondent, de repoinguer, *respondere*.

RESSÉANTISE, droit du seigneur d'obliger le vassal à résider.

RESSEANZ, résidant, domicilié.

RESTEMENT, assignation.

RESTER, assigner, appeler en justice.

RESTEZ, accusé, appelé en justice.

RETOUR (DROIT DE), p. 137, *in fine.*

RICHARD CŒUR DE LION, son couronnement, 3 septembre 1189.

RONAL, cristal de roche.

RUILÉE, jugée, décidée, réglée, du verbe ruiller.

S.

SALVE, sauve, sauf, excepté.

SAUS, sauf.

Se, à moins que, si.

Sergenterie, office, fief de sergent. *V.* Houard, *ibid.*, p. 222, 223.

Seu, seue, sien, sienne.

Seut, avoit coutume.

Sistemain, ci-dessus, p. 140, six mains. *V.* Houard, *Anciennes Lois des Français*, tome 1er, p. 308, et *Ancienne Cout.*, chap. 84.

Suiiz, poursuivi.

Suisit, suivit, de suir.

Surdemande, quant le detenteur se veut défendre des rentes ou des services que le seigneur de fief prétend à tort. *V. les Glossaires de Duchange, de De Laurière, et le chap.* 114 *de l'Ancienne Coutume de Normandie.*

T.

Talle, page 147, taille.

Termine, temps déterminé, échéance, délai.

Testemoine, témoignage.

Torné en assise, nommé pour le service de l'assise.

Toute, cens, redevance, impôt, *exactiones.*

Trives, treves.

Trossel, trousseau, hardes d'une mariée. *Spousi supellex. Carpentier, Glossaire.*

Tuisse, trouve.

Truissent, trouvassent.

Tuit, tous.

V.

Vandra, viendra, p. 151, lig. 14

Verdiers, garde forestier qui n'a juridiction que jusqu'à 60 sols d'amende. Pour la justice des Barons, *voyez* Houard, *ibid.*, tome 2, p. 459, et le chap. 84 de l'*Ancienne Coutume.*

Veue, enquête.

Visné, voisinage.

Vis-Queus, vicomte.

Vocé, appelé, cité; de vocher, vochier, *vocare.*

W.

Wereq, tout ce que la mer jette sur le rivage. *V. Glossaires de Carpentier et de De Laurière, in fine, à la table des mots.*

FIN DU GLOSSAIRE.

TABLE

DES TITRES PAR ORDRE ALPHABÉTIQUE.

A.

B.

C.

F.

G.

H.

I.

J.

N.

O.

P.

Q.

R.

FIN DE LA TABLE.

Fautes à corriger.

Page 2, ligne 3 : *et*, lisez : *est.*

Page 19, ligne 13 : *on*, lisez : *ou.*

Page 61, ligne 1re : *XXI anz*, lisez *XXII anz.* Le manuscrit 10390—2 porte XXI.

Page 105, mettre deux lignes de points, *sic* :

. . . .

. . . .

avant le titre : *De Portionibus.*

Page 107, ligne 19 : Chartre noié, *Carta negata*, manuscrit 4651, Biblioth. roy. Le manuscrit FF. 2 de la Bibliothèque Sainte-Geneviève porte : *Chartre voie.*

Page 109, ligne 16 : *Le Han*, lisez : *Jehan.* Le manuscrit 4651, Biblioth. roy. porte : *Coram Johannem de Vineis.*

Page 110, ligne 16 : *suisita*, lisez : *saisita.*

Ibid.   ligne 28 : *moutam*, lisez : *motam.*

Page 120, ligne 4 : *mainet*, lisez : *Mainet.*

Ibid.   ligne 10 : *porole*, lisez : *parole.*

Page 138, ligne dernière : *ostendet*, lisez *ostendit.*

Page 166, ligne avant-dernière : *Galleranis*, lisez : *Gallerani.*

Page 182, ligne 12 : *de son jugement : de judicio suo audiendo.* Manuscrit 10390—2.

Page 199, ligne 15 : *vande ;* ce mot se trouve dans le manuscrit ; cependant peut-être faut-il lire : *rende.*

Page 207, ligne 4 : *Borgage.* V. Houard, *Anciennes Lois des Français*, tome 1er, p. 57, 234 et suiv.

Page 208, ligne 25 : *Forfeture*, violement d'une coutume, d'une convention. Houard, *ibid.*, p. 93, 566, 763.

Page 208, ligne 35 : *Garde*, tutelle. V. Houard, *ibid.*, p. 185, 186.

Documents manquents (pages, cahiers...)
NF Z 43-120-13

www.ingramcontent.com/pod-product-compliance
Lightning Source LLC
Chambersburg PA
CBHW071632200326
41519CB00012BA/2259